中华故事汇人物

中华先烈人物故事汇

贺英

军事科学院解放军党史军史研究中心

学习出版社

目 录

Contents

序　言

军事科学院解放军党史军史研究中心组织撰写了一部关于我大姑革命生涯的故事书——“中华先烈人物故事汇”《贺英》，赵真燕同志送给我看并请我作序。我看后觉得写得很好。书中生动形象地讲述了我大姑一生追求真理、敢于斗争，立场坚定、爱憎分明，英勇顽强、坚贞不屈的英雄故事。史实真实，故事生动，通俗流畅，是一部再现我大姑同封建黑暗势力作斗争的好书。

大姑贺英1886年出生，比我父亲贺龙大10岁，是引导我父亲反抗封建军阀统治，走向革命，紧跟共产党的直接支持者和重要引路人。她十分能干，很有主见，在兄弟姐妹7人中威望很高。由于奶奶身体多病，她从小就担当起了做家务和教育弟妹的重任。20岁时嫁给了表哥谷绩廷，两人相亲相爱，一起领导当地的“哥老会”，为民请命，对付地主恶霸豪绅。她安排我父亲加入谷绩廷的“骡马帮”，走南闯北，了解民间疾苦，培养反抗精神；支持和辅助我父亲等人拿起两把菜刀夺取芭茅溪盐局的毛瑟枪，诛杀桑植县霸朱海珊，拉起讨袁护法大旗，跟随孙中山闹革命。

1922 年，大姑父谷绩廷不幸被害，大姑主动扛起丈夫“打富济贫”的旗帜屯兵鱼鳞寨，带领游击队一边开荒种地，一边训练，一有时机就率领队伍袭击那些欺负百姓的封建军队、土豪劣绅、乡霸和土匪，她不仅是游击队中深受大家拥戴的“贺司令”，也被当地百姓尊崇为“救苦救难的观世音菩萨”。

大革命时期，大姑去武汉看望北伐军中的父亲，敏锐地察觉出国民党蒋介石“靠不住”，建议父亲跟共产党走才是光明正确的道路，自己也提出加入共产党的请求。离开武汉时，她买了许多枪支运回老家组织起武装斗争。

父亲参与领导的南昌起义失败后，同周逸群、贺锦斋等人回到桑植创建湘鄂西革命根据地，大姑把自己的队伍全部交给了父亲，有力地支持了工农革命军的建立（后改称红4军），并成功地举行了桑植起义。1928年9月，贺龙领导的红4军在石门泥沙镇兵败之后，余部被迫撤向鄂西的大山中。当这支疲惫之军到达湖北堰垭时，队伍里仅剩91人，72条枪。在部队缺吃少穿、无盐无弹药，又与上级失去联系的情况下，是大姑带着二姑贺戊妹等人及时送去了粮食、布匹、子弹、食盐等物资，还帮助整顿队伍，调整基层领导骨干，严格教育管理，使红4军走出了困境，从此走上不断胜利和发展的道路。

1930年和1933年，红4军两次离开桑植时，周逸群、关向应和我父亲考虑到大姑的安全，曾两次请求她跟主力部队一起行动，都被她婉拒，她义无反顾地留下来，带领游击队在湘鄂边苏区开展游击战争，担当起保卫家乡革命根据地、保护红军家属的重任，直至壮烈牺牲。

她不是红军，却多次帮助和挽救了红4军；她不是党员，但始终坚信党、跟党走，忠实履行着共产党人的神圣职责与使命；她没有孩子，却收留和抚养了多名红军孤儿，把他们培养成为坚定的革命战士。大姑的高贵品质、英勇壮举和牺牲奉献精神，本书作了详细的叙述。她的英雄故事娓娓道来，扣人心弦，让人感动，使我更加怀念那些为国捐躯的亲人们！

在国难当头、民族危亡之际，无数优秀中华儿女为了民族独立、人民解放，不惜抛头颅、洒热血，同帝国主义、反动政府和军阀作斗争，献出了宝贵的生命。我大姑贺英只是千百万革命先烈中的一员。在我父亲和大姑的带领下，只有10多万人口的桑植县，就有2万多人走出来参加革命，他们大都为中国革命献出了宝贵的生命，仅贺氏宗亲中牺牲的烈士多达2050人，贺氏本家就有109人。作为革命家庭，我们一家就有5位亲人牺牲在敌人的屠刀下：爷爷贺士道遭当地土匪袭击壮烈牺牲；叔叔贺文掌被敌人用蒸笼活活蒸死，牺牲时年仅15岁；大姑贺英、二姑贺戊妹在掩护部队撤退时英勇牺牲，残暴的敌人割下两姐妹的头颅，挂在桑植城门示众；小姑贺满姑被反动派抓去凌迟处死。

是他们用鲜血和生命换来了我们今天的幸福生

活，我们不能忘记他们。要讲好他们的英雄故事，传承好他们的革命遗志。“中华先烈人物故事汇”是个很好的载体，很好的传播红色基因的形式，值得大力推广。

贺捷生

2024 年 12 月 16 日

引　子

贺英，女，原名贺民英，乳名贺香姑，1886 年 5 月 17 日（四月十四）出生在湖南省桑植县洪家关一个普通的农民家庭，兄弟姐妹 7 人，她居长。由于母亲体弱多病，贺英从小就担当起家庭重担，帮助父母操持家务，照看弟妹，尤其是对大弟贺龙关爱有加，教育和引导他成长进步。

贺家有练武的传统，贺英就带着弟妹们跟着父亲习武，她练就了一身本领，也养成了英勇果敢的性格。20 岁那年，贺英与当地“哥老会”首领谷绩廷结婚，并带领弟弟贺龙一起加入该会，协助丈夫掌管“哥老会”，同封建反动势力和地主恶霸作斗争。辛亥革命后，贺英鼓励贺龙加入孙中山领导的中华革命党，参与和支持贺龙“两把菜刀闹革命”的行动，诛杀桑植大劣绅伪县长朱海珊，打起了护国讨袁的旗帜，拉起队伍加入湘西讨袁护国军。

1922年，担任澧州游击第二支队司令的丈夫谷绩廷被上司缴了枪，随后又被土匪谋杀。贺英挑起丈夫的担子，带领游击队屯兵鱼鳞寨，转战于桑植、鹤峰一带，从事武装斗争。她被大家亲切地称为“贺司令”，贺龙带领部队离开桑植后，贺英便带领游击队担负起保卫家乡、保卫亲属的重任。

1926年8月，贺龙率领国民革命军第9军第1师参加北伐，为策应这一革命行动，贺英联络桑植地方武装，一举攻克桑植县城，赶走反动县长马策，驱逐驻地团防肖善堂。桑植城各界人士送“万民伞”以示“欢迎贺司令官进城”。

北伐军攻克武汉后，贺英来到贺龙的部队，在与政治部主任周逸群的接触中，了解到共产党的正确主张，同时受到工农运动的影响，她思想开始由江湖侠义向革命方面转化，并注意把武装斗争同群众的切身利益相结合。从此，贺英积极支持贺龙跟着共产党走，自己也向周逸群提出加入共产党的请求。离开武汉时，贺英向贺龙要了50多支枪和部分弹药运回桑植，迅速组建武装力量，扩大队伍到数百人。

1927年8月，贺龙参加南昌起义失败的消息传到桑植，敌人开始对贺英游击队进行疯狂“围剿”，扬言“不抓到贺英不收兵”。游击队里的投机分子也纷纷倒戈，投向国民党反动派。贺英只好带领部分游击队员离开鱼鳞寨，到外围巧妙地同敌人周旋，坚持武装斗争。

1928年1月，贺龙回到湘鄂西开展武装斗争，不久便回到了桑植。贺英得信后，带着队伍赶回洪家关，见到盼望已久的弟弟和周逸群等人，百感交集，并将游击队及近千人的群众武装交给贺龙。从此，她加入工农革命军的行列，参加领导了桑植起义。4月，工农革命军连战失利后，贺英和二妹、四妹等人率领游击队担负起保护革命军家属的任务，她们活动于桑植、鹤峰、永顺边界，一边保护革命家属，一边牵制敌人。不久，四妹贺满姑在战斗中被俘，英勇就义。

贺龙领导的工农革命军改为红4军后，在攻打石门的战斗中受挫，部队撤至桑（植）鹤（峰）边界堰垭时，只剩下不足百人、共72条枪，处境十分艰难。贺英得知红 4 军被困深山的消息后，带领身边仅有的 20 余人游击队打土豪、筹粮款，千方百计地把缴获的银元、衣物、粮食等物资送到部队，解了燃眉之急。贺英看到部队战士情绪低落、思想不稳，就帮助贺龙整顿队伍，对部队进行整编，提出要加强政治思想工作，“队伍要伍，不伍不行”。不久，贺龙带领部队走出堰垭，连续打了几个大胜仗，取得了南岔和赤溪河大捷，占领鹤峰和桑植县城，使红 4 军得到前所未有的发展。

1930 年春，贺龙率部东下洪湖后，贺英即率游击队驻扎在桑、鹤边界的割耳台，一边生产，一边保护红军伤员和家属，并负责鹤峰苏区部分军事工作。12 月，贺英与窜入鹤峰边境的四川土著武装“共产军”首领巧妙周旋，协助回到鹤峰走马坪的贺龙所部，成功地将这支武装缴械改编。她明察秋毫，在苦劝堂弟、红军独立团团长贺炳南改邪归正无果的情况下，立即通知贺龙采取果断行动，避免了一场叛乱。

1931 年，红军主力再次离开桑植、鹤峰，国民党军和地方武装对苏区进行疯狂“围剿”，中共湘鄂边特委和保卫苏区的独立团被迫离开桑、鹤边界后，仅剩下贺英率领的游击队。贺英带领游击队和红军眷属在桑鹤边界的四门岩一带苦苦坚守，直到 1933 年 2 月，贺龙的部队回到鹤峰太平镇、茅坝一带休整时，才算松了一口气。

由于敌人不断向桑、鹤苏区紧逼，此时的红 3 军政委关向应和军长贺龙多次建议贺英随红军主力行动。为了不拖累主力部队，保护红军家属及伤病员，贺英坚持留下来，并转移到地势险要的洞长湾，着手建立红军后方基地的工作。

1933 年 5 月 5 日，因叛徒出卖，敌人包围了游击队驻地，在掩护红军家属和伤病员转移的战斗中，贺英和贺戊妹两姐妹不幸壮烈牺牲。

贺英虽不是红军，但她帮助建立了红 4 军，多次挽救红 4 军，带领游击队保护了大批红军眷属和红军伤员，培养了一批红军将士；贺英没有从组织上入党，她却始终坚信党、跟党走，忠实履行着共产党人的神圣职责和使命。

01

贺氏家族“大姐大”

大脚板女子

湖南省西北部有个桑植县，与川、鄂、黔三省相邻，县城处在群山峻岭之中，溪水缭绕，风景秀美。城周围山峰高耸，险关隘口众多，素有“山国”之称。这里交通不便，多个民族杂居，山高皇帝远，因此，受封建制度和地方官吏恶霸的盘剥压迫更甚。劳动人民苦难沉重，民性强悍，历代都有绿林豪杰啸聚山林，杀富济贫，自立为王的传统。

距县城北部约 13 公里有一块河谷盆地，盆地里有个 300 多户的古老村镇叫洪家关，村里村外青松翠竹掩映，远远看去，就像一颗绿色的明珠镶嵌在那里。天龙溪、玉泉溪、鱼鳞溪 3 条清澈的溪水绕村而过，5 条山脉汇集在此，恰似 5 个龙头张口戏珠，人称“三水绕门，五龙捧圣”之地。洪家关确实是个好地方，山清水秀、人杰地灵，其中贺家和谷家两大家族人数居多，名望较高，曾出过许多英雄豪杰，在中国近代史上留下耀眼的光芒。

1886 年农历四月十四，贺氏家族第七代传人贺士道家里的长女出生了，贺家人万分高兴，父亲贺士道给孩子起名叫贺英，小名叫香姑。

贺家是名门望族，贺英的爷爷贺良仕是位有正义感的武秀才，他仗义疏财，延续曾祖做善事的家风，为修建不断被洪水冲坏的桥和路不惜变卖家产，最终使家境日渐贫寒。到了贺士道这一代，仅剩下一座木屋、两亩薄地和半头耕牛。由于家里人多，每年打下的粮食都不够吃，贺士道为了贴补家用，只好于农闲时节，给人缝制衣裳，当地人都叫他“贺裁缝”。

贺英的母亲王金姑，是湖北鹤峰王家河土家

族穷苦人家的女子，嫁给贺士道后，勤劳俭朴，任劳任怨，全心操持着家务。大女儿贺英出生后，她又先后生下两个女儿贺戊妹、贺凤姑，到第四个孩子时，是个男孩，他就是中华人民共和国开国元帅贺龙。贺龙出生后，母亲又生下两个妹妹贺满姑、贺绒姑和一个弟弟贺文掌。王金姑精心哺育着7个孩子，在她的言传身教下，孩子们个个既懂事又能干，尤其是作为家里长女的贺英，六七岁时就帮助父母做家务，下地干活，照顾年幼的弟妹，尽力为体弱多病的母亲减轻一点劳累，过早地挑起了家庭的重担。

贺英勤劳勇敢，性格开朗倔强，做事很有主见，在兄弟姐妹中威信很高。兄弟姐妹经常喜欢打打闹闹，有时也惹是生非，尤其是大弟弟贺龙，生性好动，总是闲不住，但只要有谁说一声“我告诉大姐去！”大家就不敢再闹了。

到了青黄不接的时节，家里没粮吃，贺英就带着大一点的弟弟妹妹背着小背篓去阴子山捡煤块，他们把捡到的煤块背到镇子上的饭铺里换回一点吃的，即便这样，弟弟妹妹们还是吃不饱，经常忍饥挨饿。大弟弟贺龙正是长身体的时候，饭量大，隔壁堂嫂看到他饿成这样子，就叫到家里给他一些饭吃。有一次，贺英又看到弟弟被堂嫂叫去吃饭，她就说道：“常砑子，嫂嫂家的饭也不多了”。贺龙是个懂事的孩子，听到这话，他看了看盛好的饭，谢过嫂子，转身就跟着回了家。贺英心里很难过，就想尽办法出门找活计。贺英听说割草也能换点钱，她就带着弟妹们去马腹寨割草，然后背到集镇上去卖。乡亲们看到贺家大大小小的孩子们，担着一捆捆青草走过的样子，于是戏说道：马腹寨的草都让香姑割完了。

因为家境贫困，贺英没能够去上学，她虽十分渴望读书识字，但从不向父母提起。她心里很清楚，家里穷，饭都吃不饱，哪有钱让她去读书呢？她堂叔贺士奎是清末的一位秀才，在村里开办了一所私塾，专门培养家族内的子弟。贺英一有空就过去偷偷跟着学，她认得的字就是在那时候学会的。

由于当地封建势力浓厚，地方豪绅富户成帮结伙欺压百姓。自明清以来，农民就自发组织练武，成立“哥老会”等民间团体，团结一批敢作敢为的好汉，共同对付贪官污吏。贺英的曾祖贺廷璧，自幼武艺高强，有胆有识，对清政府的腐败深为不满。1854 年，太平天国起义军由粤入湘，攻取常德，震撼湘西。贺廷璧趁势揭竿而起，率人攻入县城，活捉知县。次年，清政府派兵镇压，起义失败，30 余人被清政府秋斩。临刑前，贺廷璧的妻子刘氏奋勇奔上刑场，双膝跪地，撩起衣襟，接住丈夫的头颅，不让人头落地，以示后继有人。“贺廷璧反清造反、刘氏仗义兜头”的故事在湘西一带广为流传，也深深地影响和激励着贺氏后人。

贺士道家境虽然贫寒，但一直沿袭练武的家风。他在自家院子里平整出一块空地，一有空闲就教本族里的子弟研习武术。男孩子们耍刀习武，贺英带着妹妹也经常参加，同弟弟们一起切磋、学习。由于从小耳濡目染，加上她勤奋习学，贺英得到了一些真传，练就了一身好功夫。

按照当地的习俗，女孩子到了一定的年龄就要裹脚，这对于正在成长中的女孩子来说无疑是件

十分痛苦的事情，每天都要用白布把脚裹成粽子形，那弯曲变形的双脚只要一碰着地，就会钻心的疼痛，走起路来摇摇摆摆、颤颤悠悠。当时，人们并不把裹脚看作对妇女儿童的残害，反而把裹不裹脚、裹脚的大小看成是衡量女人有没有教养和美德的标准。

贺英 7 岁那年，本族的婶娘们责备贺英的妈妈，说道："你看你家香姑，哪像个女孩家？像男孩子一样光着一双大脚板，跑来跑去的，也不怕别人笑话！"

贺英听后，毫不示弱，干脆赤着双脚到村上人多的地方，往高处一站，谁要是讥笑她，她就故意大声喊道，我脚大，能稳稳当当地走路，能下力气干活，有啥不好。你们要说缠脚好，叫你家的小脚女人来跟我比一比，看谁跑得快。她还毫不客气地指着那些说过她坏话的小脚婶娘："看你们包成二指宽的尖尖脚，走起路来扭来扭去的，小心别让风吹跑了呀！"

那些婶娘实在看不过去，便找上门来告香姑的状，她们说："养女不教，父母之过，一双大脚板，净给族里人丢脸，一天到晚，疯疯癫癫的，成什么样子啊！”

贺士道夫妇听后，叹了叹气，他们了解女儿的脾气，硬来肯定是不行的，只好耐心地劝说道：“香姑，女孩子大了，都要包脚的，你看看村里哪个女孩子没包脚？你不包脚，人家会笑话你的。”

贺英虽然年纪不大，可说起话来毫不含糊：“有什么可笑的！一个人活在世上，不在脚板大小，要看路走得正不正。我们是穷苦人家，把个脚包得尖尖的，小小的，怎么下田干活？”

父母见她说得在理，也就不再逼着她裹脚了。时间一长，村里人也就见怪不怪了。那些婶娘看见香姑跑来跑去，也没有人再说三道四，反倒一个劲地夸她懂事，聪明能干。贺英的几个妹妹在她的影响下，也都没裹过脚。

她带领弟弟妹妹们挖地积肥，踩田除草，样样农活都是一把好手。她孝敬父母，尊敬长辈，处事果断，为人和气，整个洪家关无人不夸她是个好姑娘。

贺龙后来多次谈到他的大姐贺英，说：“我大姐从小主持家中大小事，她是穷人家的长女，练成了能干的本领。她长得高高的，大手大脚，很壮实，像现在的女子篮球队的队员。她心很细，善于思考，很有主见，处事很果断，武术练得也很好。”

天赐良缘

俗话说：女大十八变，越变越好看。贺英转眼长成大姑娘了。她不仅人长得好看，还为人正直，勤劳能干，孝顺父母，在当地是出了名的好姑娘，很多小伙子都相中了她，托人上门说媒提亲的不少，可贺英一个都没看上。她根本不顾当时被社会奉为天经地义的父母之命、媒妁之言，偏要婚姻自主。她说：“不是我看得中、信得过的人，我绝不嫁。”

杜家山有个青年叫谷绩廷，又名谷虎，是贺英的表哥。他身材高大，练就了一身好武功，性格豪爽，仗义疏财，敢作敢为，在湘鄂川黔的崇山峻岭、街镇码头，到处都有他的朋友。他仇视官府，同情穷人，为人守信用，讲义气，是条真正的好汉，在方圆百里内颇有声望。谷绩廷年纪虽然不大，却是湘西江湖上的名人，时为“哥老会”的“龙头大爷”。在贺英的心目中，像表哥这样的人，才是她的意中人。只是苦于无机会表达。

有一天，贺英到山上去砍柴，不一会儿就砍了一大捆，正准备背着回家时，她看到山里有很多野果子，连忙上去摘下几个尝了尝，又酸又甜，很是好吃，心想，再多摘一些拿回去给弟弟妹妹们吃多好呀，他们平时很难吃到这些果子。于是，她边找边摘，不知不觉走到了山林深处。就在她收拾摘好的一大兜野果子往回走时，忽然，树林里刮起一阵狂风，那风令人毛骨悚然。她警觉地回头一看，只见枝叶摇颤，深蒿倒劈，贺英心里一惊：不好了，有大虫！她以前听老人们讲过关于大虫的故事，今天果然遇见了。她刚要躲开，只听一声大吼，跳出一只斑斓猛虎，张着血盆大口正向她扑来。贺英顿时吓出了一身冷汗，说时迟那时快，她扔掉手中野果，麻利地纵身一跃，双手攀住头顶上一棵大树伸出来的树枝。就在那老虎向她扑来的一瞬间，只听得一声枪响，击中了老虎的脑门盖儿，老虎发出几声瘆人的号叫。这时，一个青年飞奔而来，举起手中锋利的钢叉，直朝垂死的老虎脖子扎去，老虎又挣扎了几下，就不动弹了。

惊魂未定的贺英，这才定了定神，朝那青年望去，只见他青布盘头，两道剑眉，一双立目，威武而又英俊。她从树枝上跳下来，不由得惊喜万分，原来这个勇敢的打虎青年，竟是她的表哥谷绩廷！贺英激动地大喊一声："虎哥！"差点没哭出声来。

谷绩廷见是表妹香姑，既惊喜又责备地说道："你怎么到这里来了，多危险啊！"他告诉她，他本来是到山上来打野猪的，转了半天没打到野猪，正准备往回走时，忽然听到老虎的吼叫，就赶紧跑了过来，对着咆哮的老虎开了一枪，没想到救了香姑一命。

贺英害羞得不知说什么好，真想扑到虎哥怀里大哭一场，既是感激又是思念。她语不达意地说了些别的话。谷绩廷也非常喜欢这位胆大能干的漂亮表妹，今天救她一命真是老天赐给他们的缘分。

两人正说着话，贺龙满头大汗地奔跑过来。因为贺英迟迟未归，父母便打发贺龙来山上找寻。他跑到山上时，只看见捆好的柴，却不见大姐的踪影，他急坏了，就往山里找。当贺龙看到眼前的一幕时，他什么都明白了，他连声感谢谷大哥。贺英说："要不是谷大哥及时赶到，恐怕我小命就没了。"

洪家关离杜家山不远，谷家和贺家本是世代的姻亲关系，亲戚连亲戚，贺英从小就喜欢这个表哥，只是长大后，虎哥忙的事情很多，他们相见的机会太少。

贺英自从被谷绩廷相救之后，她对谷绩廷的爱慕之心就像含苞怒放的荷花，按捺不住地想见他。这天晚上，贺英躲在油灯下，精心绣制了一个漂亮的花荷包，第二天，找了一个借口，送给了谷绩廷，表达了一个少女特有的情怀。从此以后，谷绩廷到洪家关来得越来越勤了，每次到洪家关来，总是想方设法地给贺英捎一些东西，有时是一块香皂，有时是一盒雪花膏或是几块小手帕，一来二去，两人的感情愈加浓烈。两家老人也都看出了他俩的心思，都认为他们是天生的一对儿。双方家长一合计，就选了一个好日子给他们定了亲，并商定了办喜事的日子。

随着结婚日子的临近，贺英一想到家里还有五六个弟弟妹妹再也不能经常照顾了，心里难免有些惆怅。母亲身体一直多病，做不了更多的家务事，好在两个大妹妹戊妹、凤姑已能帮家里干些活了，心里才稍有些宽慰。但最不让她放心的是弟弟贺龙，他在弟妹中是最让她操心的一个。贺龙不到 10 岁，胆子大，又十分淘气，在家里总是闲不住，还爱打抱不平。身上穿的衣服经常不是撕个口子，就是掉几个扣子，贺英不知道为他缝过多少个口子，每次给贺龙缝衣服，贺龙就光着上身和姐姐淘气。有一次害得贺英把手扎了，贺龙连忙抓起她流血的手指，放到嘴里吮了起来，直到大姐说不疼了他才松口。还有一次，贺龙失足落进了湍急的河里，可把贺英吓坏了，她和家人一起沿着河流拼命寻找，嗓子喊哑了，胳膊也被树枝划出了血口子，还是在村民的帮助下贺龙才被救了上来。当贺龙看见大姐时，哇的一声哭了起来，贺英一把将弟弟搂在怀里也哭了起来。

1906 年秋的一天，天气格外晴朗，贺谷两大家族亲戚齐聚一堂，为贺英和谷绩廷这对新人举办了一场隆重而热闹的婚礼，到场的亲友们无不为这对幸福的新人发出由衷的赞叹。

贺英和谷绩廷结婚之后，小两口你尊我敬，十分恩爱。贺英不仅悉心照顾两家老人，主持家务，关爱弟妹，对谷绩廷掌管的“哥老会”也积极支持，热情参与，经常给丈夫献计献策，在“袍哥”们的心目中享有很高的威望。

助建地方武装

“哥老会”是近代中国活跃于长江流域声势最大、影响最广的秘密结社组织，在四川和重庆等地也称“袍哥”或“袍哥会”。开始时，“哥老会”的宗旨是反清复明，虽然带有封建色彩，但从阶级本质上看，属于游民无产者政治和经济斗争的秘密互助团体。到清朝末年，“哥老会”接受同盟会的领导后，已经变成推翻清王朝的一股革命力量。孙中山领导的辛亥革命，从广州起义失败，到武昌首义成功，各地的“哥老会”是起了一定作用的。清王朝被推翻后，这个帮会就失去了反清的意义，但这个民间组织依然在不少地方存在。在那个外敌分割中华、官府欺压百姓、恶霸鱼肉乡里的黑暗时代，“哥老会”更多地转化为逼上梁山的绿林组织，而谷绩廷所在的桑植“哥老会”，就是当地穷苦百姓抵御官府恶霸欺压的秘密互助团体。

贺英嫁到谷家后，夫妻俩情投意合，她不仅积极支持丈夫的行动，还成为谷绩廷的得力帮手，凡是丈夫的朋友来访，她都好酒好饭热情款待，一起商量帮会的事情。不久，贺英也正式成了“哥老会”的一员。

桑植“哥老会”以杜家山的谷绩廷和贺英、樵子湾的邓仁山和谷德桃两对夫妇为骨干，他们以“哥老会”的名义组织和团结各方力量，进行反对地方封建势力和地主恶霸的斗争。

为了动员更多的人参与，筹集更多的活动经费，加强武装力量建设，贺英和谷绩廷商量，组织了一个赶骡子贩运货物的马帮，有的地方也叫“赶脚”。他们把当地盛产的天麻、茶叶等运往外地，再把像食盐、粮食等货物运进来。由于湘西地处大山之中，交通十分不便，许多生活日用品全靠人扛马驮。

当地有很多大大小小的马帮，他们大小不一，人数有多有少，多则几十匹骡马，少则十几匹。谷绩廷的马帮不大，只有十几匹骡马，但在当地很有威望。

马帮长年在外，行走在崇山峻岭之间，付出辛苦的劳动则不必说，而那些土匪、强盗，官府的拦劫也是司空见惯。因此，马帮的头领必须是在绿林中有威望，对付官府机智勇敢的人才行。谷绩廷就具备这样的条件，他武艺高强，为人仗义，又是“袍哥”中的“龙头大爷”，在绿林中也很有威信。他的马帮无论走到哪里，一听说是谷虎的骡马帮来了，土匪们一般不敢下手，官府也不敢随意刁难。他带着马帮走遍了湘鄂川黔各地，同时也结交了许多英雄好汉。

谷绩廷一外出就是十天半月，有时时间更长，贺英在家里一边种田，一边操持着家务，还一如既往地照顾着娘家二位老人和年幼的弟妹，对“哥老会”的成员和周围村里的穷苦百姓更是关怀备至，深受大家的尊敬和爱戴，乡亲们都亲切地称她为“香大姐”。遇到不公平的事儿，她总要主动帮忙说理，对那些欺压百姓的恶霸、地痞，她毫不容忍，勇敢地站出来进行斗争。

村里有家孤苦母女，因欠了地主老财的租子，地主老财硬要把她家女儿拿来抵租做小妾。母女俩哭哭啼啼去找香大姐，贺英一听十分气愤，她领着母女俩来到地主老财家，说自己是这个女孩的干妈，不同意拿女孩来抵租，更不允许让干闺女去当他的小妾。地主老财一听，就不敢再提这事儿了，连忙答应欠下的租子可以延期。贺英也当场作了担保。

贺英的刚直正义，让那些欺压老百姓的地主、土匪又怕又恨，但谁也没办法。在贺英的支持下，谷绩廷领导的“哥老会”不断发展壮大，每年都有新成员加入。

一天，贺龙来到杜家山看望姐姐和姐夫。他一进院门，看到屋里摆着两张八仙桌，桌上摆放着香蜡、纸马和猪、牛、羊三牲首。正面墙上，挂着一幅刘备、关羽、张飞桃园三结义的画像，三炷点燃的高香插在香炉里冒着青烟，满屋飘着香气。姐夫谷绩廷和大姐贺英，身穿干净衣衫，坐在上首，十几个汉子站在两边，分别上前给他俩施礼作揖，谷绩廷用手比画着。不大一会儿工夫，一个人提来一只大公鸡，站在刘备、关羽、张飞画像前，将鸡血滴在盛着酒的碗里。接着，每个人都刺破中指，把一滴血滴在酒碗内。之后，谷绩廷首先端起酒碗喝了一口，然后递给贺英，贺英接过碗也喝了一口，再顺着次序，十几个人每人都喝了一口。喝完雄鸡血酒之后，谷绩廷和贺英带领大家跪下，冲着刘备、关羽、张飞的画像磕头，大家嘴里念念有词。

原来，这是“袍哥”组织中的“码头”收徒仪式。仪式举行完毕后，贺龙才迈步进了堂屋门，喊了声:“姐夫、姐姐。”

贺英见弟弟贺龙来了，非常高兴，一番问寒问暖后，便向围过来的人介绍说："这是我弟弟常常，大名叫贺龙。"人群里有贺龙认识的，也有不认识的新面孔，他礼貌地向大家打着招呼。

有个叫李三宝的新会员，是杀猪的出身，为人豪爽，性格开朗，上前拍着贺龙的肩膀说："常常，加入咱们这个码头吧！"

贺龙笑道："加入码头，当'袍哥'有啥好处？"

李三宝说："好处可多了，首先是走遍天下，天下'袍哥'是一家嘛。"

贺龙听到"天下"二字，立刻来了兴趣，连忙问道："'袍哥'能打天下吗？"

"当然啦，不信问你姐夫，'袍哥'是郑成功发起的，反清复明，就是打天下的。"

贺龙又问："'袍哥'是为穷人办事的吗？"

李三宝笑道："你这孩子，怎么刨根问底？你看看，你姐姐姐夫，我们大家不都是穷人么。"

贺龙一想，对呀，我姐姐姐夫都是穷人，他们就是专门为穷人办事的。贺龙试探着问谷绩廷：

“姐夫，你看我能当‘袍哥’吗？”

谷绩廷听了，转身对贺英说：“我看就让常常参加吧，对他有好处。”

贺英寻思着弟弟已经十五六岁了，也该让他出去闯荡闯荡，加入“袍哥会”，跟着谷绩廷跑跑马帮生意，走到哪里也好有个照应，就点头同意了。这一天，贺龙也正式加入了“袍哥会”，当了一名老幺。

几天后，贺龙在姐姐贺英的安排下，跟随谷绩廷、李三宝等一行 13 人，赶着 10 匹骡子的马帮队伍出发了。

真挚的关爱

临行前，贺英把贺龙叫到身边，千嘱咐万叮咛，告诉他遇事不能莽撞，要多动脑筋，保护好自己。还特意给他准备了一套换洗的衣服和一双新鞋子，像慈母一样关爱着贺龙。

谷绩廷他们这次去的方向是川东、黔东，往返上千里。一路全是高山峻岭，荒村野店，时有豺狼虎豹出没。土匪也很多，客人根本不敢独行，就是三五个客人结伴同行，也经常出事。要是遇上恶劣天气，那就更加艰难了。尤其是走川东，需经酉阳、秀山、黔江、彭水等地。当地流传这样一句话："养儿不用娇，酉秀黔彭走一遭。"

酉秀黔彭山高水恶，穷乡僻壤，历朝历代，都把定了罪的犯人押送到这里。虽然地偏，却有得天独厚的资源，乌江（也叫黔水）由此流过，奔腾的江水流经千山万谷，浩浩荡荡地穿过酉秀黔彭，在涪陵与长江汇合。由于有这条江水，那些从长江运来的各种物资，就从乌江水道经过酉秀黔彭到达湘黔各地。湘黔各地的土特产，也从这里经乌江、长江分散到全国。因此，这酉秀黔彭等地就成了湘黔川边物资交流的集散地。

谷绩廷他们这次出行，驮的是当地的茶叶、药材等土特产，到了目的地后，再准备驮盐巴到桑植。在湘西，盐是贵重物品，一斗苞谷换一斤盐。因此，桑植有"辣椒当盐，苞谷叶子当棉，一碗合渣赛过年”的说法。

他们从杜家山出发，走在通向川东的大路上。说是大路，实际上是羊肠小道。贺龙长到 16 岁，这还是第一次出远门，心中好不快活。他穿着大姐缝的新衣和新鞋，牵着大青骡子走在队伍中间，不时左瞧右望。正值春暖花开之时，那望不断的青山绿水，闻不尽的鸟语花香，实在令人心旷神怡。贺龙十分高兴，他感到天地是如此之大，觉得自己一下子也长大了，变高了。

可是没走多久，贺龙的心情慢慢变得沉重起来。一路上，经过的山村，看到的是一片破败凄惨的景象。房屋破烂，百姓缺吃少穿，日子过得十分艰难。到了川东，景象更是凄凉。因为川东一带头年大旱，米贵如珍珠。路上，常见因饥饿倒在野地里的尸体，无人收殓，被野狗乌鸦肆虐地吞食。有几次，贺龙见到跪在路边乞讨的老人、小孩，他心里很难过，就把兜里的一点点钱全都给了他们。谷绩廷看到后，打心眼里赞许，但又叹了口气说："常常，天底下穷人无数，你背着金山也救不过来呀！"

贺龙忧伤地问："姐夫，有那么多穷人可该怎么办呢？"

谷绩廷叹了口气，自言自语地说道："'自古人生在世，俱秉五行阴阳。富贵贫穷寿夭，生死离合悲欢。注定生辰八字，皆有夙世根源。'难道这《六言杂字》里说的是对的？"

他们晓行夜宿，五六天后，到了酉阳。这里交通十分便利，往南可入黔，往东可入湘，往北经黔水可入长江。因此，酉阳在这偏僻的川黔湘鄂边，是个繁华热闹的州市，素有"小成都"之称。

他们一行来到一家姓马的歇铺，因谷绩廷常来这里歇脚，马掌柜对他们非常客气，大家也很随便。安顿下来后，谷绩廷与众人去卖药材，贺龙负责喂马、煮饭。他喂好了牲口，就向掌柜的借了条面袋子，上街买了些米和菜，连忙开始做饭。当他把饭做好时，谷绩廷也回来了，大伙吃完饭，就去歇息了，大伙走了一天都很累。

第二天一大早，谷绩廷一行又赶着骡马前往龚滩。龚滩是乌江上的大码头，他们在这里卖掉全部货物，再买好盐巴准备运回桑植，贺龙也跟着跑前跑后地忙着。一切忙完之后，贺龙来到码头边，看着那滚滚的江水，排浪滔天，气势雄伟。乌江乃西南一大名江，逶迤千里，穿越过数不尽的高山峡谷和激流险滩，这是一股多么强大的力量啊！贺龙看得正入神，忽听码头前边一阵骚乱，他连忙跑过去一看，只见一个流里流气的家伙在大庭广众之下调戏一个卖唱的姑娘，众人愤怒，但没一个敢去阻拦。贺龙见了顿时怒气填胸，冲上去三拳两脚就将那个家伙打翻在地，狠狠地教训了他一顿，然后叫卖唱的姑娘和一个老者赶快离开此地。

被打的是当地有名的恶棍，人称“冉太横”，他是个富家子弟，经常在这一带为非作歹，欺压良善，人们痛恨不已。“冉太横”被贺龙教训之后，扬言要报复这些臭“赶脚”的。

谷绩廷知道“冉太横”是惹不得的地头蛇，为避免出现不必要的麻烦，于是决定连夜带着马帮离开龚滩，直奔洪家关。

贺龙随谷绩廷一行回到家乡，他那高兴劲难以言表，见到贺英大姐显得格外亲切，他把这次随马帮队外出的所见所闻以及自己的看法和做法，一五一十地讲给贺英听，贺英突然感觉到弟弟在外面转了一圈，一下子成熟了很多，身体也壮实了，说话时眼睛发亮，身上好像蕴藏着一股无穷的能量。尤其是看到他对穷苦百姓表现出的极大同情，对社会不公平现象和邪恶势力表现出的极大愤慨，作为姐姐打心眼里感到高兴。

用计谋助杀县霸

转眼间，贺龙跟随姐夫的马帮队已有两年多时间了，他的脚步走遍了湘鄂川黔边，他的朋友交遍了大西南。虽经受过无数的艰辛，但增长了不少见识，对外面的形势也有了很多的了解。每次外出回来，贺英总要对贺龙叙述的所见所闻，不失时机地给予点评，并进行引导。这次外出，贺龙又听到许多令人振奋的好消息。

1915 年，袁世凯这个窃国大盗登基当了皇帝。他逆历史潮流而动复辟帝制的行为，激起了全国上下进步人士的强烈抗议，南方革命军人、云南都督蔡锷宣布云南独立，率先举起反袁大旗，还成立了护国军，起兵讨袁。在蔡锷的影响下，各地革命人士也纷纷起来响应。贺龙听到这些后兴奋不已，深深地被这种革命气息所感染。他非常向往参加革命，向往像蔡锷将军一样举起讨袁大旗，同倒行逆施的袁世凯作斗争，同压迫穷人的恶霸豪绅作斗争，同一切反动势力进行斗争。

骡马队驮着盐巴和日用品，再有两日便可到达桑植。眼看就要回到家乡了，大家心中不由得高兴起来，贺龙更是恨不得立马见到姐姐，把蔡锷举旗讨袁的消息告诉她，听听她对这一重大事件的看法。

第二天晌午，骡马队到了毛儿镇，刚走进一家熟悉的饭铺准备吃饭，老板娘就满脸笑容地迎上来，神秘兮兮地说："谷老板，你们这是回桑植呀？我告诉你，那路上出大'老虎'了，你们这货要是进桑植，就得交出一多半儿。"

谷绩廷反问道："我们离开才几个月，以前怎么没听说过？"

老板娘说："这'老虎'是两个月前才有的。不过这'老虎'不是谷老板打过的那种虎哈，这是人间老虎。如今桑植官府在芭茅溪设了个盐卡子，过路就分一半儿。打头的叫'王老虎'。"

贺龙听了愤愤地说："反了他啦，还有王法吗？"

老板娘说："什么叫王法？这年头有枪有势就是王法。这芭茅溪的卡子有十几条毛瑟枪，你们还是绕路走吧。"

谷绩廷笑着说："没关系的，我们还是照常走。如今哪，你越怕鬼，鬼就越欺侮人。"

原来，袁世凯要登基当皇帝的风声传到了湘西，桑植县新上任不久的县长朱海珊接到省里下来的一道公文，要为袁世凯登"龙位"送"贡礼"。"贡礼"由哪里出？朱海珊明白，自然由百姓那里出。

朱海珊本是靠钻营行贿当上的清末秀才。他经常出入衙门，包揽词讼，倚仗官势，为非作歹。凡新县官上任，都要先拜访他，县太爷请客，他必居上座。他豢养着一群保镖打手，在当地欺男霸女，侵吞别人的财产，简直无法无天。老百姓怕他，不敢直呼其名，就称他为“海老爷”。他家的打手常吹呼着说：“咱们海老爷一跺脚，桑植的地都摇晃，咱们海老爷吐一口唾沫，说淹死谁就淹死谁。”

几个月前，朱海珊花了大把的银子买了这个桑植县县长的官位，一上任，他就变着法儿捞钱。正好，他要借袁世凯登基的消息，趁机狠狠捞一笔。想来想去，他终于想出了个歪点子，决定在桑植的交通要道设盐卡收盐税。当下，朱海珊已下了告示：所有交通要道，凡过往客商，一律要为袁大总统登基交“贡礼”钱。有一个叫“王老虎”的商人给朱海珊送了厚礼，讨取了芭茅溪设关卡这个美差。朱海珊还给他派了 15 个税警，每人配一条省里下发的毛瑟枪。

谷绩廷是个不信邪的人，听了老板娘的话他心中自然有数，决定会一会这个“王老虎”。

谷绩廷一行人从毛儿镇出发，直奔芭茅溪。太阳快落山时，他的马队到达了芭茅溪关口。

芭茅溪是湘鄂交界的一个险要关隘，两边峰

峦叠立，峭壁千仞，怪石峥嵘。往上看去，岩石龇牙咧嘴，令人头晕目眩。有条小路紧贴峭壁，这就是通往芭茅溪的要道。路边的树丛中，有一座二层木楼，原来是个骡马店，“王老虎”和他的税警就住在木楼里。

当班的税警见有人过来，连忙端枪上前拦下骡马队，凶狠地说道：“县长有令，凡是路过此地的货物，一律都得缴纳关税和盐税。”

谷绩廷上前问道：“我怎么没听说过？你们的头儿是谁，把他叫过来。”

税警见这人好像有点来头，于是说：“好，你等着，我这就去叫。”

不一会儿，“王老虎”大摇大摆地走过来，见是谷绩廷，连忙说道：“原来是谷大爷的马帮队呀。最近省里有令，要给袁大总统登基行‘贡礼’，朱县长特地在此设立盐局，所有货物都得缴纳关税。”

谷绩廷说道：“货还没出手，哪里有钱交关税呢？”

“王老虎”笑着说：“谷大爷是有名望之人，要不先拿部分货物作抵押，等卖完货再拿钱来赎。”

谷绩廷强压着怒火，只好同意了。

贺龙在一旁愤怒地吼道："岂有此理！还让老百姓活不？"

气愤归气愤，可眼下只好按"王老虎"说的，留下部分货物后，谷绩廷才带着骡马队离开芭茅溪。他们先到桑植县城卖了盐巴，然后各自回家。贺龙还是同往常一样，跟着姐夫先去看贺英，然后再回自己的家。

贺英见丈夫和贺龙都安全归来，悬着的心才算放下了。当听完贺龙情不自禁的一番激情介绍后，贺英催促道："赶快回去看爸爸妈妈吧，他们这些时日可想你了，都来问过我好几次了。"

送走弟弟后，谷绩廷虽有许多话想和贺英说，但总绕不开袁世凯登基和朱海珊收"贡钱"的事。

贺英说："袁世凯要登基了，朱海珊借机想捞钱，他印了许多大红喜报发到各乡各村，要让每户送5元'贡钱'，说是祝贺袁大总统登'龙位'。老百姓穷得都揭不开锅，哪来的钱？老百姓交不起'贡钱'，朱海珊就抓人打人，有的还被关进大牢，罪名是反袁大总统，反袁大总统就是造反。百姓敢怒不敢言，不少人家被逼得家破人亡。前几天，樵子湾的焦老大家里穷得都揭不开锅，还被逼着交‘贡钱’，结果喝卤水死了。”

谷绩廷也把朱海珊在芭茅溪设关卡收盐税，扣压他们货物的事向贺英说了，贺英一听，气愤地说道：“这不是官逼民反吗？”

谷绩廷说：“云南的蔡锷将军已举起反袁大旗，起兵讨伐了，看来我们‘哥老会’也应该有所行动了。”贺英默默地点了点头。

第二天，贺英和谷绩廷到洪家关看望父母。一进院门，就看见村里的几个年轻人贺占彪、贺锦斋、贺勋成、韦敬斋等围着贺龙正商量着什么事情。贺英和谷绩廷都很受大家的尊敬，他们一进来，大家都连忙站起来亲热地喊着大姐、姐夫。

贺英笑着走向他们，问道：“你们在一起商量什么呢？说出来我听听。”

贺龙说：“大姐、姐夫，你们来得正好，我们看到朱海珊打着交‘贡钱’的幌子搜刮民财，逼得老百姓喘不过气来了，我们想要打进县衙门，砍掉朱海珊的脑袋，然后投奔蔡将军。”

贺英一听，马上正色道："就你们几个？赤手空拳的就想杀掉朱海珊？我看是白送死，太鲁莽了点吧！"

大家听了一惊，这可不像大姐说出的话呀，都睁大眼睛望着贺英。贺龙说："大姐，你不是一向恨朱海珊那群狗官吗？"

贺英说："朱海珊那群浑蛋，我恨不得一口口把他们咬死，一刀刀把他们剁烂，可咱们不能赤手空拳地跟他们干啊！他手下的保镖打手成群，还有一队洋枪兵。如果这样鲁莽前去，肯定会吃亏的。"

大家忧愁地说道："大姐，那该怎么办？"

贺英说："不怕恶狗凶，就怕无锁链。朱海珊有刀有枪，我们赤手空拳怎么能行？"

谷绩廷也插话说："朱海珊这个狗官，我早想把他除掉了，只恨我们手中没有枪。"

一提到枪，贺龙立即说道："姐夫，芭茅溪盐局不是有枪么？我们何不去夺过来？夺了枪，拉队伍，跟上蔡将军杀到北京城，先打死那个癞蛤蟆精，再把那大小浑蛋王八蛋一个个斩尽杀绝。"

韦敬斋一拍大腿说："对，常哥说得有理。"

谷绩廷看了看贺英，思索了一会儿说："从芭茅溪关卡夺枪，我倒同意，不过，咱们得先灭灭朱海珊的威风，振奋振奋人心，而后再举义旗。"

贺英接过话："要灭朱海珊的威风，我有个主意。"

"大姐，快说说，有什么好招对付朱海珊这个狗官？"大家急切地望着贺英。

贺英继续说道："咱们要和朱海珊这样的恶霸斗，就要了解这个坏蛋。兵书说：知己知彼，百战不殆。朱海珊这个恶人，就是想在老百姓头上作威作福，他心里头只想着升官发财，特别怕死，最害怕敢于造反的老百姓。他现在想借送'喜报'来搜刮民脂民膏，咱们何不将计就计？"

贺英说到这里，压低声音，做着手势，说出了她的计策。

大家一听，不由得拍手叫好。

按照贺英的安排，贺龙和伙伴们兴致勃勃地分别去往各村。

很快，一家传一家，一村传一村，朋友传朋友，亲戚传亲戚，贺英的计策得到了老百姓的积极

响应。

原来百姓们见到衙门送“喜报”的人，就像躲瘟神一样东躲西藏，现在有了对付的办法，个个眉开眼笑，企盼着约定的找朱海珊算账的时刻到来。

这天，正好是桑植县城赶场的日子，人们从四面八方急匆匆地朝县城走来。有的背背篓，有的提袋子，有的空着两手，街上行人明显比往常多了很多。贺英、谷绩廷、贺龙等在人群中间，带着民众朝衙门方向走去。队伍越来越庞大，每个人手里都拿着红纸“喜报”。忽然，人流中一个洪亮的声音喊道:“袁大总统登基了，快给衙门送‘喜报’去啊！”

人们听到这一声喊，都把手中的“喜报”高高扬起，举向空中，无数条红色的“喜报”，汇成一股气势强大的洪流，向县衙门冲去。

衙门口的衙役一看不好，慌慌张张地去向朱海珊报告。

老百姓把衙门口围得水泄不通，大家异口同声地喊道:“朱老爷在哪里？快快出来接‘喜报’。”

朱海珊正陪着夫人在楼上喝茶观景，听到衙役的报告，立马放下手中的茶碗走到楼台前一看，只见衙门口聚满了黑压压的人群，吓得他腿都要软了。

眼尖的群众看到朱海珊出来了，又带头大声喊道："朱老爷，我们给你送'喜报'来了，快出来接呀！"

朱海珊勉强扶住围栏，对着楼下的人群，故作镇静道："胡说，我有什么喜事？"

人群中有人喊道："袁大总统当帝，对你县官老爷不是喜事，难道是悲事？"

"嗜嗜，这、这、这是喜事。"他哪敢说不是喜事呀。

"既是喜事，我们来给衙门送'喜报'，你为什么还不来接？"

"就来，就来。"说着，朱海珊只好吩咐差役去接"喜报"。

这时，人群中又有人喊道："你接了'喜报'，要给我们发喜钱的啊！"众人又一起喊着要他发喜钱。

“我哪有那么多钱？”朱海珊对钱最为敏感，一听要钱就傻眼了。他做梦也没想到老百姓反倒向他要钱，气不打一处来。

“你当县官老爷没有钱，我们老百姓哪有钱？你不给我们喜钱，我们也没喜钱给衙门送‘贡钱’了，互相吹了吧！”众人一边说着，一边把“喜报”噼里啪啦往衙门里扔，然后一哄而散。

朱海珊见老百姓走开了，这才叫人把“喜报”送给他看，只见上面都写着“瘟神”二字，顿时气得瘫坐在地上，连连叫着：“快来人呀，把送‘喜报’的刁民统统抓来！”

这可怎么抓呀，抓哪个呢？衙役只得上街晃了一大圈回来，哭丧着脸，为难地说：“街上那么多人，我们抓谁呀？”

朱海珊气得直跺脚，骂道：“一群饭桶！”

贺英就这样略施一计，轻松战胜了朱海珊，解决了硬压在老百姓头上的摊派问题。贺龙和伙伴们都开心得不得了，对大姐钦佩不已。他们跑到贺英家，见大姐没有像他们那样高兴，只是若无其事地在做活，便笑着问道：“大姐，咱们斗过了朱海珊，你好像不是特别高兴呀？”

贺英抬起头来，看着血气方刚的弟弟和他的小伙伴们说：“朱海珊这次吃了大亏，他肯定不会善罢甘休，咱们还是得小心点呀！”

几天后，贺龙又把韦敬斋、贺占彪等一伙小弟兄叫到家里商量夺取芭茅溪盐局枪的事儿。贺英、谷绩廷和二姐贺戊妹的丈夫肖月斋也赶了过来，大伙儿围坐在一盆炭火旁，商量着行动计划。

开始，大家你一言我一语，纷纷献计献策，贺英默默地听着，最后说出了自己几天来的计划，得到大伙的一致赞成。贺英见大家同意她的想法，于是又再三叮嘱和交代。

1916 年 3 月 16 日一大早，贺龙、贺占彪、肖月斋、韦敬斋等 21 条好汉，按照商定的计划悄悄地离开了洪家关。为了掩人耳目，他们分开走出村庄，约定第二天下午在樵子湾赵家歇铺集合。

17 日上午，贺龙首先到达樵子湾，他忽然想到手中应有件武器，于是，走进一家铁器杂货店，见货架上摆着牛耳尖刀，他拿过来试了试，感觉太飘，又拿起一把匕首掂了掂，也太轻。再一看，案子上摆着当地有名的“张家刀”。当地流传着这样的顺口溜：“刀长二尺半，刀刃闪青毫。分明老君炉里炼，真真火焰山中烧。虽不能削铁如泥，却也能吹断发毛。”张家刀历经七代相传，越制越好。贺龙拿起菜刀掂了掂，正可手，便买了两把，用布包好放在怀里，而后来到赵家歇铺。

午后，贺占彪等人相继到了樵子湾赵家歇铺。贺龙来到东墙根找到磨刀石，把两把新菜刀磨得更加锋利。一切准备工作做好后，傍晚时分，他们离开樵子湾，向芭茅溪方向行进。他们一行踏着积雪，翻山越岭，渡河越滩，凌晨 1 点多到达芭茅溪。按照原定计划，先拿下卡子哨兵，再进入木楼。当他们摸到卡子时，发现没有哨兵。这么晚了，他们以为不会有人来，守卡的人也都进屋喝酒耍钱睡大觉去了。

贺龙拿着菜刀在前，其余的人紧跟其后，他们顺利地进了木楼，税警们由于一连几天又抽又喝，一个个睡得像死猪一样，贺龙挥舞着菜刀猛砍，其他人也抡起家伙见一个打一个，没容得税警弄清是怎么回事就被送上了西天。勇士们没费多大功夫，就把这帮虎狼消灭了。他们清点完枪械和财物，最后一把火烧掉了小木楼。贺龙等人背着缴获的 15 支毛瑟枪和两把手枪准备回洪家关。

他们途经一座关帝庙，大家进庙休息时，肖月斋对贺龙说："常哥，你是咱们的首领，下一步有什么打算你就说吧。"

"好！"贺龙也不再谦让，他向众人身上扫了一眼，又看了看关公的泥塑像，说道："咱们夺了枪，杀了人，摆在咱们面前的路只有一条，跟天下好汉一起，反袁世凯，除尽天下不平事。要举义旗，咱们这些人必须齐心协力。"他停了停，又接着说："我们杀了'王老虎'，夺了枪，朱海珊一定会派兵来抓。先下手为强，后下手遭殃。咱们再趁热打铁，把朱海珊一帮人也收拾掉算了！"

贺龙的提议得到大家一致同意。于是，他们沿着偏僻的小路直奔桑植县城。他们在县城一家歇铺落脚后，半夜三更分别从县衙前门和后门打了进去，杀了朱海珊，并将衙门里外的兵丁全部收拾干净，缴得 30 余支枪。

第二天清晨，贺龙、谷绩廷等人杀了朱海珊，占领桑植县衙的消息，立时轰动了全城。一时间，衙门口的人越聚越多。贺龙站在高台阶上，高声喊道："乡亲们，朱海珊称王称霸，鱼肉百姓，甘做袁大头的孝子贤孙，今天，我们把他杀死了。可杀死了一个朱海珊，还有李海珊、王海珊。因为他们的老祖宗袁世凯还在。云南的蔡将军已率兵护国讨袁，咱们桑植也要成立讨袁护国军。有愿意同我们一起干的好汉，我们一起干，杀到北京城，把袁世凯从金銮殿上拉下来，送他上断头台！"

贺龙的话说得人们拍手叫好，当天就有 200 多人报了名。而后，贺龙打开官仓，除留一部分做军饷外，其余都散给了穷人。穷苦百姓无不欢天喜地。

一直在家等候消息的贺英，听说贺龙等人已经成功打掉了芭茅溪盐局，还打进县城杀了朱海珊，占领了县衙，十分高兴，她立即赶到县城同贺龙、谷绩廷商量下一步的对策。

贺英说："开弓没有回头箭。事已至此，应打出自己的旗帜，扩大队伍，才能站稳脚跟。"在贺英的帮助和策划下，贺龙率领人马又突袭了泥沙镇团防，夺得 80 多支枪，武装力量进一步壮大。

贺龙等人攻占桑植县城，打起了护国讨袁的旗帜后，受到护国军总司令蔡锷将军的赞赏，黔军总司令王文华即派护国军左翼独立军司令罗剑仇前来联系，任命贺龙为湘西讨袁护国军第 1 梯团 2 营营长，归东路讨袁护国军王文华司令指挥，罗剑仇协助贺龙。

贺龙立即将人马编为 5 个连，1 连连长谷青云（三姐夫），2 连连长杜振英，3 连连长贺占彪，4 连连长韦敬斋，5 连连长贺敦吾。大姐夫谷绩廷提出不愿担任带兵的职务，要留在当地同贺英一起做后勤工作。

02 柔肩担道义

父亲和小弟的惨死

湘西讨袁护国军第 1 团 2 营成立后，贺龙即按照王文华“抄敌后路”的命令率兵出征，而贺英和谷绩廷回到家乡，立即着手整顿队伍。贺英协助谷绩廷以“哥老会”成员为基础，招兵买马，充实力量，并且按照军队的建制，把人员分成班排连，组织他们进行枪械训练。贺英与会员们一样，从早到晚不停地训练，经过刻苦练习，她练就了双手持枪的好枪法。

贺英说：贺龙拉起了队伍，打垮了反动政府，敌人是不会甘心的，必定寻机报复。敌人找不到贺龙，就会来对付他的家人和家乡百姓，我们应该承担起保护家乡的责任。在贺英的影响下，4 个妹妹也都加入到队伍中来了。

1916 年 3 月 22 日，袁世凯在全国人民巨大的反对声中，被迫宣布废除帝制，并在 6 月 6 日因病不治而亡。袁世凯一死，北洋军阀大乱，贺龙和罗剑仇率领人马趁机进占了澧州，接着又去攻打大庸。当贺龙的队伍把大庸城围住正准备攻打时，澧州和湘西镇守使蔡矩猷出面到大庸来调停，贺龙权衡利弊后，才将人马撤围。

就在这时，贺英派人送来信，告知母亲病危，要他速回。贺龙接信后，把部队交给了罗剑仇，就急忙赶回洪家关。当见到面容憔悴的母亲时，母亲用微弱的声音嘱咐道："儿呀，你回来了。不用管我，不用惦记我，去吧，好好为国……出力……"话还没说完，老人就安详地闭上了眼睛。弥留之际，她是靠强大的精神力量在支撑，为的是见上儿子一面。

安葬了母亲，贺英就对贺龙说："常常，你还是早些回部队吧，好好干出一番事业！"

第二天，贺龙把身上带的两支手枪交给了大

姐，便告别父亲、姐弟和众乡亲上路了。当贺龙来到长沙找到罗剑仇时，只见罗剑仇头戴冲天帽，肩扛领章，已经不是原来的模样了。原来贺龙回家后，罗剑仇便自作主张接受了湘督军谭延闿的招安，把贺龙的队伍都分编到湘军各部队去了。贺龙一气之下离开了长沙。后在革命党人郭洪的推荐下，加入了孙中山领导的中华革命党，回到洪家关准备再拉队伍。

贺龙到家后，贺英等人闻讯赶来，大家叙说着别后之情。贺龙感慨地说："我这次长沙之行，算把这世道看透了，现在耍枪杆子的，没几个是为老百姓的，咱们穷人要挺起腰杆，非得自己有枪不可。"

贺英说："常常，你要是想拖枪，姐姐同意，我那里的几条枪都交给你。"

贺龙感激地望着姐姐说道："你把枪给我了，那你呢？"

贺英笑道："你的兵强马壮了，大姐的腰杆子不也硬了吗？"

三姐夫谷青云插话说："我也把我的那几支枪

都交给你，人也都听你指挥。”就这样，贺龙在洪家关又重新树起了义旗。很快，投奔他门下的就有80多人50多条枪。为使这支新生的队伍在桑植站住脚，贺英又出面与湘西镇守使田应诏联络，经过谈判，达成3个条件：一是贺龙的队伍入田的编制，但可不听田的调遣；二是不离桑植；三是负责扫平桑植土匪。

经过几个月的剿匪，桑植县境内安定了下来，贺龙的这支队伍也因此威声大振。第二年春，又占领了桑植，自此，贺龙坐镇桑植城。

此时，湘西政坛军界异常混乱，各派势力互相钩心斗角，各人心里有自己的小算盘。随着贺龙在桑植起事成功，在附近也积蓄了一定力量，有人便开始打他的主意，争相拉拢他，以壮大自己的力量。几天后，贺龙同时收到两张委任状，一张是陈渠珍送来的，委任他为支队司令，驻防沅陵；另一张是澧州镇守使王子豳送来的，委任他为团长。

贺龙立即请来大姐商量。贺英从两人的背景、实力以及在百姓中的口碑进行分析，最后商议决定投靠澧州镇守使王子豳。缘由是同陈渠珍素无来往，与王子豳虽然过去交过手，但那时是各为其主。另外王子豳在武昌首义中，曾率领“武字军”智取荆州，在消灭清军的战斗中，被孙中山先生赞为“奋勇能战”的将领。他掌管澧州后，也做过一些好事，百姓比较拥护。而且澧州与桑植相隔甚远，其鞭长莫及。因此，贺龙接下了王子豳的委任状。

为了借王子豳之力，进一步扩充自己的武装力量。贺龙派堂叔贺勋臣进行活动，王子豳答应给贺龙部 300 支枪和 300 箱子弹。为表诚意，贺龙决定让父亲贺士道和弟弟贺文掌、副官贺植卿，带着重礼去澧州取枪。为保证安全，还派了十几名武装人员和商人相随。

桑植县里有一个无赖叫朱疤子，是朱海珊的侄儿，朱海珊活着的时候，他依仗朱海珊撑腰，做了不少的坏事。贺龙杀死了朱海珊，朱疤子在县城里待不下去了，就带着一伙人跑到山势险要的骡子岭安营扎寨。朱疤子发誓与贺龙势不两立。

贺士道带着小儿子要去澧州取枪的事，不想走漏了风声，朱疤子得知后欣喜若狂。他找来土匪陈多儿、谷膏如、陈继之、白文忠、柏家厚等一伙人，说道：“你们几个弟兄带人去办利索点。娘的，贺龙他害死了我伯父，这次我要他爹的命来抵偿。”

1920 年 5 月 16 日，贺士道一行从桑植起程直奔澧州。第一天，他们经杜家山、双溪桥、走马坪到寒池峪投宿。次日，一行人继续前行。当走到天子山下的三人潭时，突然从乱草丛中、密林和溶洞内蹿出许多人来，各持武器呼啸着直奔贺士道等人。贺士道见势不妙，策马而走，匪徒们立即乱枪射击，贺士道回枪抵挡，不料腰部中弹落马滚入河中，他忍着伤痛泅渡到对岸，又遇土匪拦截，把他砍落河内被河水卷走了。年仅 15 岁的贺文掌在与匪徒的搏斗中落入匪手。护兵和商人们也多死于混乱之中。

土匪陈多儿等把贺文掌捆绑上山。朱疤子见了贺文掌，立即吩咐把他关押了起来。谷膏如急忙问道：“大哥，为啥不把贺文掌宰了，还留他做个甚？”

朱疤子阴险地笑笑说：“我这是姜太公钓鱼，我要钓贺龙上钩。”于是派人给贺龙送信。

这天，贺龙正带部队操练，有马弁送来一封信，贺龙一看眼就圆了。信上说，如果贺龙送来5万大洋，就放回贺文掌，如若不然，就将贺文掌放在笼屉中蒸了。

贺龙愤愤地说道：“我贺龙跟孙先生革命，别说没有钱，就是有钱，也要花在刀刃上。”他冲送信人气愤地说道：“你回去告诉朱疤子，说我贺龙要跟孙大元帅护法，要是他敢动我弟弟一根毫毛，等我回来找他算账！”

朱疤子得到回信，冷笑一声说：“娘的，他贺龙要学刘邦？”气急败坏地冲外喊道：“来人哪，把贺文掌装进笼屉，给我蒸了。”

就在贺龙正要带领人马准备出征那天，得知弟弟果真被朱疤子等人活活蒸死，父亲也惨死潭中，忽然眼前一阵发黑，晕倒在马下。

贺英得知父亲和弟弟被害，勃然大怒，她赶回桑植奔丧。贺英调查知道，害死父弟的凶手里面有谷家的人。她盛怒之下，要带人去砸谷家祠堂。二妹贺戊妹一把抱着贺英，流着眼泪说：“姐姐，这谷家祠堂砸不得，家族大了，什么人都有，林子大了，什么鸟都有，你我不也都是谷家的媳妇吗？已有旧仇，又何必再添新恨呢！”谷姓人家顿时感到事态严重，也拿出刀枪，聚集起来，做好了决斗的准备。

眼看一场两大家族间的械斗就要发生，贺龙也出面来劝住了贺英，他神情严肃地对族人和乡亲们说：贺谷两姓世代通婚，光我家就有一个姑姑、两个姐姐嫁给谷家人，亲戚连亲戚。如今，谷家出了败类，只是谷膏如一个人，不代表谷家人。我们要是互相杀斗，只能是亲者痛，仇者快。要杀就杀谷膏如。如果你杀我，我杀你，就会杀得乱七八糟，正好中了外人奸计，到头来是我们世世代代结冤仇，那些外面的“大脑壳”随便找个岔子，就会把我们的队伍吃掉，到那时候，管你是贺家的、谷家的，大家都会吃亏的！

一场家族械斗的风波被贺龙涣然冰释，谷姓族人感动不已，派出代表向贺家人赔礼道歉，当贺家人按照传统习俗给贺士道办七天七夜的道场时，谷姓族人也为贺士道、贺文掌披麻戴孝守灵。

桑植女司令

贺英办完父亲和弟弟的丧事后，就到时任澧州游击第二支队司令的谷绩廷军中协助料理军务。当时部队驻防在安乡一带。孰料不到一年，谷绩廷就被澧州镇守使唐荣阳用武力缴了枪。谷绩廷和贺英被迫逃回了家乡。他们并没因此而消沉，不久，便在杜家山的鱼鳞寨重整旗鼓，拉起了队伍，继续与官府豪绅作斗争。

1922 年的一天，朱疤子听说贺英和谷绩廷回到了杜家山，他召集手下人马，商议要除掉谷绩廷和贺英。

朱疤子有个把兄弟叫陈又清，外号“满肚子坏”，因为脸黑，大家都叫他陈黑满。这家伙是“哥老会”的成员，谷绩廷曾救过他的命。

朱疤子找到陈黑满说：“如你能杀了谷绩廷，我给你 5000 元大洋。”陈黑满见利忘义，就答应了下来，他早把谷绩廷救他的恩德丢在了脑后。

当时，谷绩廷正托朋友想弄枪，准备扩大队伍。陈黑满听说后，就带着十几个人来到杜家山，他让“哥老会”的老五去找谷绩廷，谎称他手下有二十几个人和枪，打算投到谷大爷的麾下，愿效犬马之劳。

谷绩廷一听，说道：“哦！是满兄弟的人？好哇，满兄弟在哪里？”

“他在枫树垭，让我来请谷大爷，说兄弟们都想见见谷大爷。”

谷绩廷说：“好，我可以过去。”

谷绩廷说着就让警卫去槽头备马。贺英听后对谷绩廷说道：“‘满肚子坏’不是个好东西，我看你还是慎重些，先不要过去，让他上咱们这儿来，咱们接待他。”

谷绩廷说：“别担心，我曾救过他的命，他总不是禽兽吧，还能恩将仇报？”

贺英听他这么说，也没办法，就要他带着防身武器，并叮嘱警卫徐焕然一定要小心。

谷绩廷说：“用不着，人家诚心诚意来找咱

们，咱们不用想那么多。”贺英见他这么坚持，就没再说什么了。

谷绩廷带着警卫跟着老五来到枫树垭。陈黑满见谷绩廷来了，满脸笑容，大哥长大哥短地叫得特别热情，随后吩咐摆酒。谷绩廷刚端起酒杯，陈黑满这个人面兽心的家伙，“嗖”地掏出手枪向谷绩廷射击，没等谷绩廷反应过来就中枪倒地。警卫徐焕然见状，迅速带枪冲了出来，躲过了追击，才保得一命。

陈黑满杀害了谷绩廷，还残忍地割下了他的头颅，挂在村头的树上，而后扬长而去。

贺英与谷绩廷结婚后，夫妻二人感情一直很好。贺英还生下一子，小名叫“豹豹”，儿子出生数月后就因病夭折。贺英把丧子的痛苦深埋在心底，与谷绩廷一起拉队伍，抗官府，杀劣绅，经常在枪林弹雨中渡过。无论遇到什么样的艰难困苦，夫妻俩总是相互支持，相濡以沫，感情甚笃。

自谷绩廷离开家去枫树垭后，贺英整天心都悬着，总觉得会有什么事发生。傍晚时分，徐焕然带着伤跑回来了，他一下跪在贺英面前，失声痛哭。他把“满肚子坏”杀死谷绩廷的经过诉说了一遍，贺英听后像晴天霹雳，顿时感到天旋地转，差点晕倒在地，徐焕然赶紧上前扶住了她。过了一会，贺英打起精神，扶住门框，推开徐焕然，向门前巍巍大山望去，没有落泪，她把仇恨咽进了肚子里。

贺英强忍着悲痛，同游击队的弟兄们一起把丈夫的尸体运回杜家山，又吩咐人挑来清水，亲自把丈夫尸体洗干净，找来针线把头颅与身体缝在一起，用白布紧裹后，装入棺材。她一声不吭地做着这一切，也不用别人帮忙。身边的人见此，无不心酸落泪。

出殡时，她按照当地习俗请来了 7 个道士做道场，谷绩廷的生前好友都来表示哀悼。

桑植及周围各县帮派团伙，有表示同情的，也有幸灾乐祸的。湘西军阀陈渠珍也假惺惺地发来一份唁电，说是“对凶手要严加惩办，对死者表示哀悼”。贺英将唁电撕得粉碎。

贺英在自家大门口的正前方，修起了一座高高的坟墓，安葬了自己最爱的人。此后，她每天一早一晚，围着白头巾，系着一根白头绳，脚穿一双半截白的孝鞋，一身素缟，满脸悲戚哀伤地站在坟墓前，默默地说道："我一定为你报仇。"

鸟无头不飞，羊无头不走。谷绩廷死后，原游击队的弟兄们都像掉了魂似的。贺英见弟兄们精神不振，急得吃不下饭，睡不着觉，开始考虑这支队伍的命运。解散吧，但武器交给谁？这些武器都是弟兄们用鲜血和生命换来的，各地的实力派都急着想来夺这批武器。再说，已当旅长的弟弟贺龙远在川东涪陵一带，要是家乡没有一支队伍做后盾，乡亲们要吃多大的苦头啊！谷绩廷生前建立的这支队伍不能散！谷绩廷树起的打富济贫的旗帜不能倒！

但谁来领这个头呢？贺英把连排以上骨干召到议事厅开会，商议队伍的前途和首领的问题。贺英在队伍里一直很有威望，虽然谷绩廷不在了，但没有一个人有离开的想法，大家都愿意留下来继续跟着贺英干，最后大家一致拥戴贺英当司令。

看着这支跟着她和谷绩廷朝夕相处很久的队伍，看着这些赤胆忠心朴实的贫民子弟，贺英感到了一种责任，一股强大的力量在驱使着她。她发过誓，要为谷绩廷报仇，如果没有队伍又怎么去报仇？她振作起精神，答应了弟兄们的请求，挑起了这副担子。从此，贺英用严明的纪律把队伍整治起来，用严格的训练把队伍武装起来，她自己带头苦练枪法，不到一个月时间，便被弟兄们称赞为独一无二的神枪手。

大家经常看到贺英盘着头发，身穿灰色大褂，腰系皮带，挎着短枪和刀，骑着一匹枣红大马，出入训练场和与恶霸、地痞斗争的战场。人们见到她时，都亲切称她“贺司令”。

贺英经常教育手下的士兵：我们这支队伍是为穷人打仗的，因此，要视老百姓如父母，待穷人如亲人，绝不允许做任何有损百姓利益的事情。每当贺英的队伍出现在老百姓中时，都会受到热情的欢迎。当地百姓为了表达他们对贺英队伍的感激，把贺英尊崇为“救苦救难的观世音菩萨”。

屯兵鱼鳞寨

随着队伍的不断扩大和训练的需要，贺英觉得应建立一个稳定营地，于是她选择了一个叫鱼鳞寨的山寨，作为游击队的据点。

鱼鳞寨在晚清时期被一个姓向的土王所盘踞，寨顶上有水有田有林木，既可以屯兵养马，也可以训练队伍。“白龙堡”“老虎嘴”“炭棚脑垭口”等几个隘口，位置独特，地势险要，易守难攻，是一个“一夫当关，万夫莫开”的天然堡塞。

贺英把这个古寨重新经营起来，组织大家在寨上盖起了营房，修筑了工事，储备了一定数量的粮草和弹药。贺龙也派人送来了一些枪械子弹。为凝聚人心，唤起穷苦大众的积极参与，贺英为这支队伍扯起了“打富济贫”的旗号。

队伍中的人员以亲戚、朋友和丈夫的旧部为主。贺英带领大家一边开荒种地，一边训练，一有时机就率领队伍袭击那些欺负百姓的封建军队、土豪劣绅、乡霸和土匪。进寨以来，贺英带领队伍在周围各县打了不少的仗。

一次，贺英带领10多个女兵去村子巡查，不料在路上碰上了100多个团防兵。团防兵一看都是女的，又依仗自己人多势众，根本没有把她们放在眼里。很快，团防兵把贺英她们包围了起来。其中一个小头目狂叫道："贺英，你今天就是长了翅膀也飞不出去！"话音刚落，只听得"叭"的一声枪响，那个小头目应声倒地。团防兵慌乱了起来，开始他们还想捉活的，一看不行了，便开枪胡乱射击。密集的子弹打得贺英她们抬不起头来。待团防兵的射击一停，贺英她们像是从地里冒出来一样，迅速还击，枪枪命中，打得团防兵倒下一片。贺英趁敌群龙无首，迅速打开一个缺口，带领战士们无一伤亡地冲了出去。当团防兵醒过神来时，她们已跑出很远，团防兵只能眼睁睁地看着她们从眼前溜掉。

还有一次，贺英得知桑植团防几十人下乡搜刮民财，她带领队伍在团防必经的瑞塔铺附近设伏。当团防兵们挑着得来的财物得意扬扬地进入伏击圈时，贺英大喊一声：“打！”上百支枪一齐开火，打得团防兵死的死逃的逃，取得了完全的胜利，缴获了一批枪支和物资。紧接着，又在东旺坪、八斗桥一带，打垮了慈利县恶霸胡三板的反动武装，将缴获的物资留一部分外，其余的都分给了当地老百姓。

一次次的袭击和打击团防、土匪和恶霸等，敌人把贺英视为眼中钉。匪徒肖沛然、刘金星等多次带人对鱼鳞寨进行袭击和偷袭。由于防范严密，敌人进犯都没成功，而且被贺英的队员们打得狼狈不堪。

贺英每次作战时，身穿紧衣，头缠青巾，脚踏草鞋，身先士卒，勇不可当，双手打枪，百发百中，乘跨烈马，疾驰如飞。

1921 年 4 月，广州国会召开非常会议，选举孙中山为中华民国非常大总统，并决定北伐征讨桂系军阀，第二次粤桂战争爆发。贺龙在陈渠珍的推荐下，被任命为四川讨贼联军川东边防军独立团团长。入川前，贺龙专程来到鱼鳞寨看望大姐贺英。

贺龙一见到大姐，有一种说不出的亲热。他

高兴地喊道："大姐，我来看你啦！"

贺英正在缝补衣服，见是贺龙来了，连忙放下手里的活，十分欣喜。"是常常啊，你怎么有空来看我？"她拉过一把凳子，说道，"快坐，快坐。"目不转睛地看着英俊威武的弟弟。

贺龙激动地说道："大姐，告诉你一个好消息，孙中山任命我为川东边防军独立团团长，明天我就要带队伍入川北伐，讨贼去了。"

贺英听着贺龙的话，又望着弟弟那威武、英俊的面孔，说："好！好！跟着孙中山先生干革命，一直是你心中的愿望。这下好了，跟着孙先生，给老百姓打个好天下。"

贺英给弟弟倒了碗热水。她忽然看见贺龙的衣服袖子破了，便怜爱地说道："看你，当团长了，还穿破衣裳，过来，姐给你缝一下袖口。"

贺龙还像小时候一样，温顺地把胳膊伸了过去，让姐姐缝补。贺英一边给弟弟缝补，一边亲切地问："常常，你入川还有啥难处吗？"

贺龙摇头说："没有啥难处，只是觉得大姐的担子更重了。那些团防、土匪、恶霸，还有朱疤子、陈黑满他们还会找你麻烦的，你和二姐、三姐、大妹、小妹都要多加小心啊！我进来的时候，寨子的哨位倒是卡得很严，但在夜里还要加强哨位和值勤。没有把握尽量少出击。”

贺英说道：“这我知道，你就放心地去吧。你在那里打胜仗越多，我就越安全。”

贺龙点点头，又说道：“大姐，我这一去，不定几年才能回，到了清明节的时候，我恐怕就不能给爸妈上坟烧纸了！”

提起父母，贺英不由得心酸，她低下了头，然后说道：“这个你不用惦念，我会安排好。不过，大姐有几句话你要记着：一是对百姓要仁义，二是对部队的弟兄们要像亲兄弟一样，三是你要一身清白！”

贺龙点点头，说：“大姐放心，大姐的话我全记在心上了。”说着，他从警卫那里拿出几卷银洋，放到贺英面前说：“大姐，这些钱，你留下用吧。”

贺英看了看这些钱，说道：“常常，你不用给我拿钱，我们这里不缺，你还是自己拿着吧，这次去川东，处处都要用钱呢。”

贺龙也不管大姐怎么说，硬是把钱留下了。随后，贺英又带着贺龙见了几个姐姐和妹妹，还有山寨里的其他人，便下山了。贺英一直把贺龙送到山下，姐弟俩才洒泪而别。

贺龙回部队的当天晚上，正和部下商议事情，有人报告说鱼鳞寨大姐派人来了。贺龙出去一看，原来是贺英派人送来 20 支枪和一些子弹，另外还有 1000 元大洋。贺龙本打算让来人带回，可他想到这是大姐的一番心意，便收了下来。

在贺英的革命思想中，她有一条特别坚守的信念：革命是为了穷苦老百姓。这一点不仅她自己十分清楚，还要求弟弟贺龙也要铭记。这对贺龙后来加入中国共产党，产生了特别积极的影响。

03

将帅身后“智多星”

心向共产党

与弟弟分别后，贺英加紧了对鱼鳞寨防卫设施的建设，她心里明白，只要贺龙在外的名声越大，当地的反动势力就会更加疯狂地对家乡及亲人加以迫害，她必须守护好家乡。

贺龙率部在建国川军总司令熊克武的指挥下进入四川后，一路斩关夺隘，连续数次取得重大战斗的胜利。1923 年 11 月，贺龙被孙中山委任为四川讨贼军第 9 混成旅旅长，随后驻防黔东松桃和铜仁。不久，熊克武遵循孙中山大元帅府的训令，将四川讨贼军改编为川滇黔建国联军，贺龙任第 1 师师长。

1925 年 3 月 12 日，孙中山在北京逝世后，全国形势陡变，熊克武回师广东时被缴械，贺龙得知此情，异常悲愤，遂通电还湘，就任澧州镇守使。贺英也带着眷属们到了澧州，协助贺龙主政。贺龙和贺英领导部队打击土豪劣绅，惩治贪官污吏，扫清土匪，深得澧州民众赞誉。但他们唯独不买湖南省省长赵恒惕的账，引起了赵的极大不满。于是，6 月初，赵恒惕调集人马围攻澧州。贺龙只好让贺英率全体随军眷属返回桑植，他则率部移师慈利、石门等地。

贺部在撤军途中，遭到湘军的强力阻截，收编的湘军易子清团长和炮兵营长又趁机反水，部队被打散，其中几个连的队伍跑到桑植被贺英收编，贺龙率领余部只好转移到贵州。贵州省省长彭汉章见贺龙来投，便欣然答应，让其驻防铜仁。

这是贺龙第二次驻防铜仁，师部设在黄埔军校学员、共产党员周逸群的家里。贺龙发现周逸群家有许多他寄回给亲属阅读的进步书刊，其中就有黄埔军校政治部编印的汇集了毛泽东、周恩来、恽代英、萧楚女等人文章和讲话的小册子，于是借来阅读，读着读着，不禁眼前豁然开朗。他回想自己一心追随孙先生干革命以来，今天打这个，明天又打那个，到头来都是在为军阀卖命，军阀们只是为了扩大势力、争夺地盘，根本不顾穷苦大众的死活。而共产党提出的主张正是解决中国问题的出路所在，是真正解救穷苦百姓于水火的所为。这不就是自己所追求的理想吗？于是，贺龙把周逸群寄来的所有书刊都借来阅读，还推荐给第1旅旅长、堂弟贺锦斋看。

通过阅读进步书刊，贺龙知道了周逸群是黄埔军校青年军人联合会的主席。这个青年军人联合会，是由著名的共产党人周恩来直接领导的。周恩来是黄埔军校的政治部主任，是共产党在黄埔军校的主要负责人。他从欧洲回国后，正赶上国共合作，共产党就派遣他到黄埔军校担任这个重要职务。他在那里做了大量有益的工作，并以共产党员和社会主义青年团员为骨干，建立了青年军人联合会，出版了《中国军人》会刊，用以宣传马列主义和共产党的政治主张，团结教育广大革命军人。中国共产党才是一个光明的组织，一个领导中国走向独立、民主的党，一个有前途的党啊！贺龙恨不得把这一好消息立即告诉姐姐，可惜姐姐已回桑植了。

1926 年，全国形势发生了很大的变化。先是广东革命政府在中国共产党和苏联的帮助下，发起东征，讨伐陈炯明叛匪。继而广东革命政府于 7 月 1 日发表了《北伐宣言》，成立了国民革命军。7 月 9 日，国民革命军由广州誓师北伐。贺龙被任命为国民革命军第 9 军第 1 师师长，率部参加北伐。

北伐军一路势如破竹，攻克长沙后，贺龙率领所部又趁势占领了常德。部队在常德休整期间，一天，贺龙司令部迎来了一支由 30 多人组成的北伐军宣传队，宣传队的负责人便是共产党员周逸群，他是受共产党的派遣带领宣传队来第 1 师做宣传，并担任政治部主任的。

周逸群的到来，让贺龙喜出望外。见面后的第三天，贺龙就向周逸群表达了加入中国共产党的迫切愿望。

第 1 师在周逸群等共产党员强有力的政治工作的影响下，部队发生了很大的变化，贺龙就把这些可喜的变化写信告诉了远在桑植的大姐贺英。

就在贺龙率部北伐之际，贺英也联络起地方武装贺廉元、李云清、谷志龙部等，一举攻下了桑植县城，赶走了反动县长马策，驱逐驻地团防肖善堂。城内群众和各界人士热烈欢迎贺司令及她的队伍进城，还为她送来了“万民伞”。贺英部队进城后，纪律严明，城内秩序井然，民众安居乐业。此时，贺英的势力控制了大半个桑植县。

1926 年 10 月，北伐军攻克武昌后，部队在武汉休整期间，贺龙让副官贺植卿给大姐贺英写信，要她到汉口来住些时日并有要事商量。

贺英接到贺龙的信后，便携贺、谷两家亲人到了武汉。为了照顾大姐贺英在武汉的生活，贺龙特地安排女兵张月圆跟随在贺英的身边。

周逸群听说贺英大姐的到来，立马前来看望。一见面，周逸群便说道：“早就听说你这位威震桑植，令那些国民党团防、土匪豪绅闻之丧胆的桑植女司令了，今天一见，果真其然！真羡慕贺师长有你这么一位好大姐呀！”

贺英客气地说道：“听常常多次说到你周主任，他部队在铜仁住你家时，没少吃你家的粮食，也是你引导他思想上的大转变，才有今天的样子，我作为姐姐要感谢你周主任，感谢共产党啊！”

周逸群笑着说道：“我家的粮食不怕革命军吃，就怕他们吃少了，吃得越多越好！”停了停，他又说道：“我从小就发奋读书，后来才明白，读书不只是为长其脑力，广其智慧，以图个人之成立，而要以为探索救国之道，为民主的中国为己任，所以我找到了共产党。只有跟共产党，才是救国救民的正确之道。”

贺英在武汉住了一段时间，接触了像周逸群、柳直荀这样的共产党人，也同倾向国民党右派的贺龙部参谋长陈图南打过交道，更看到了复杂的政治形势。贺英语重心长地对贺龙说：“常常，这些日子我算看清楚了，国民党这一帮人是只知道做官为宦的东西，和咱们穷苦老百姓根本坐不到一条板凳上，你指望他们为穷人干革命，那是竹篮打水一场空。你头脑可要清醒一些啊，小心他们翻脸不认人。”

贺龙坚定地说：“我已经下了决心，要走共产党这条路。”

贺龙此时已彻底明确了自己前进的方向。他向贺英讲述了自己投向共产党的决心。他告诉大姐共产党是反帝反封建反压迫的，是真正为穷苦人翻身解放而革命的。共产党员的觉悟都很高，他们有着崇高的革命理想，他们甘愿为革命牺牲一切而在所不惜。他们干革命不是为了升官发财，是为了大多数人谋利益。官兵平等，同吃同住，他们非常爱护老百姓。

贺英听了贺龙的叙说，心里踏实多了，她相信弟弟的选择，并鼓励道：“常常，我们是穷人家出身，共产党是为穷人办事的，你跟上这样的党，姐姐赞成。你只管大胆干，在外面不行了就回湘西去，我和乡亲们都会支持你的。”

贺龙要率部继续北伐，准备离开武汉了。贺英来武汉住了几个月，正好也想回家，她心里总是想着鱼鳞寨的队伍。

贺龙说：“大姐，你已经 40 多岁了，回去好好休息，不要再带枪拖队。搞武装很吃力，太劳累，也是很危险的。”

贺英笑了笑说：“这恐怕不行，我回去不能享清福，还要继续带领队伍和那些害人虫、地头蛇斗争。你已跟着共产党了，我也不能落后，也要革命到底。我已向周主任提出加入共产党了，现在也向你提出来，合适的时候由组织来定。但我知道目前时机和条件还不够成熟，回去后还要多做些实际工作。”贺英最后说道：“我走时，你得给我带一些枪支子弹，别的我什么都不要。”

对大姐这种勇于反抗的革命斗争精神，贺龙很是钦佩，可他担心路上出事，这一路大大小小的土匪、地头蛇，还有官府、军阀各种卡子，困难重重，也很危险。就担心地说道：“大姐，我给你枪弹可以，可你们怎么运回去呢？”

贺英说：“这你就放心，我自有办法。”

贺英除了向贺龙要枪弹外，还用自己带来的钱买了一些枪和金银首饰。她不是为自己着想，而是深知革命不是一帆风顺的，必须要为未来做些必要的准备，万一有个不测，贺龙回乡再拉队伍时，也有一定的基础。实践证明，贺英是有着远见卓识的人。

听说贺英要买武器，贺、谷两家的眷属也都拿出戒指、手镯等首饰，支援贺英。临走前，贺龙把张月圆带到大姐跟前说道：“大姐，这丫头心里明事理，手脚勤快，枪法也不错，就让她跟你走吧。”

贺英与张月圆相处几个月，非常合得来，她非常喜欢这位灵巧的姑娘。于是说：“好吧，我会好好待她的。”

经过充分的准备，贺英带着贺、谷两家的亲属和 50 条枪、数千发子弹，从汉口出发，踏上了艰险之旅。

为了混过各种各样的检查，躲过土匪、团防的耳目，贺英安排将枪支弹药藏在一口棺材内，装扮成起灵回乡的样子。棺材分为两层，下层装枪，上面是装扮成的死者。为了不露出破绽，她和家人也都装扮起来，披麻戴孝，安排好角色，并预料各种可能出现的意外情况，做好了应对的各种准备。

他们走过了一段水路后，又走了很长的山路。贺英带着几十人的队伍，风餐露宿，历尽千辛万苦。途经常德时，当地农民协会主席陈昌厚热情地接待了他们一行。当贺英得知农协在组织武装暴动中，最缺的就是枪支弹药时，竟毫不犹豫地送给了他们一部分。后来，陈昌厚用贺英送给他们的这些枪支弹药，成功地组织了农民武装暴动，暴动队后来改编成湘西工农革命军第 4 支队，在敌军大举“围剿”的紧急关头，这支队伍依托深山老林，开展游击战争，有力地支援了常德地区的革命斗争。

贺英回到家乡后，迅速组建武装力量，扩大队伍，半月内即扩兵数百，声势大振。

孤军奋战

贺英回到桑植不久，蒋介石就在上海发动了“四·一二”反革命政变。国民党反动派到处追捕、屠杀共产党员和革命群众。一个月之后的 5 月 21 日，驻长沙的国民党反动军官许克祥在军长何键的策划下，也发动了残杀共产党员和革命群众的反革命叛变（史称“马日事变”）。

桑植处在一片白色恐怖之中。敌人把重点抓捕范围对准了贺龙家乡洪家关和他的亲属们，多次派兵来“围剿”，见人就抓，不问青红皂白就杀，烧毁了许多房屋，真是无恶不作。

面对敌人的疯狂围攻，贺英安排乡亲们躲进了鱼鳞寨，并以此为据点，带领队伍与敌搏斗。她经常在洪家关、桑植城、南岔、双溪桥一带活动。一面用武力打击那些为非作歹的恶霸和国民党反动派，一面协助农民进行反租税、反压迫的斗争。

贺龙所部原参谋长陈图南是桑植空壳树人，他不满贺龙跟随共产党，伙同陈淑元、柏家厚等人企图谋杀贺龙的计划败露，被武汉公安局逮捕并处决。陈图南的侄子陈策勋在贺龙部队里任机枪营营长，他见势不妙，就串通陈佑卿、刘锦星、张松如等几个同乡，连夜逃离部队，跑回桑植投靠了国民党。陈策勋很快就当上了桑植县团防队长，不久又当上了保安团团长。他联合全县反动势力，到处捉拿贺英。陈策勋根本找不到贺英的影子，就气急败坏地派人把洪家关的瓦屋桥放火烧了，把南岔的八角亭拆了，又把双溪桥头的那棵大白果树砍了，还挖了贺龙家的祖坟。他认为是这些保佑了贺家，才让贺龙大富大贵，在军中不断晋升，也让贺英这样的女人不可一世。

1927 年 8 月，贺龙率领国民革命军第 20 军参加南昌起义和起义军南下失败的消息传到桑植，贺英的心一下子提到了嗓子眼。自从在武汉与弟弟分别之后，她就与贺龙失去了联系。贺龙的生死不明，使她日夜不安。

而这时，陈策勋到处散布谣言，说“南昌暴动失败了，贺龙已死于乱军之中”。还特地跑到陈图南的灵堂前，一边磕头一边说：“叔父，告诉你一个天大的喜讯，那贺龙已被乱军打死，且死无葬身之地，你老人家九泉之下可以瞑目了。”并发誓：“一定要亲手把贺寡妇除掉！”

恶劣的环境和形势使原来一些表面拥护革命的旧武装陆续倒戈。罗峪一带是长瑞乡乡长的管辖地，他本人与贺英还是亲戚，也曾给贺龙送过几十条枪，现在见势不妙，便投靠了陈策勋。贺龙在南昌起义之前，曾派亲信营长贺桂如带着3个连的兵力回桑植配合贺英保卫家乡。当贺桂如听到贺龙南昌暴动兵败，而且被处死的风声时，就带着两个连投靠了反动派，只有一个连还听贺英的指挥。当时，贺英指挥的队伍中，对她忠诚的带兵骨干有徐焕然、廖汉生、滕久元、向连生、徐武生、唐小阳、谷茂林、贺戊妹等人。

在敌我力量悬殊的紧要关头，贺英找来这些骨干商量："鱼鳞寨地方小，回旋余地不大，敌人若要大兵来犯时，恐怕我们很难守住，因此我建议暂时放弃鱼鳞寨，到外围去采取灵活机动的麻雀战术，巧妙地同敌人周旋。你们的意见如何？"大家都表示同意，愿意跟随贺司令战斗到底。

贺英带着队伍活动在桑植的罗峪、龙潭坪、四门岩，鹤峰的堰垭、柘坪、太平、割耳台等地，发动群众，联系一些地方武装，打得敌人晕头转向。

贺英的武艺十分高强，曾经只身深入一个土匪巢穴，生擒了匪首，收编了几百名土匪。有时神出鬼没地出现在某个地方，她骑着大白马，身挎双枪，公开和一些地方武装头目谈判；有时提个篮子，化装成卖针线的小贩，串乡走寨，陡然出现在大户人家小姐的房里，通过小姐的引见，会见某地的团防老爷；有时化装成割牛草、拔猪草的农妇，攀岩越涧，钻进深山，深入绿林好汉的窝子，通过做深入细致的思想工作，规劝好汉们改邪归正。因此，有人说她是“樊梨花再世”“穆桂英托生”。敌人都畏她三分，只要听说是贺英来了，一个个都不寒而栗。贫苦百姓和队伍里的战士们都喜欢她，亲切地称她“贺司令”或“香大姐”。

心狠手辣的敌人追不到贺英，就将贺英的干将徐焕然的妻子抓走，逼她说出贺英的下落。徐妻宁死不开口，惨遭敌人杀害。徐焕然悲痛欲绝。贺英流泪安慰他说：“此仇我报定了。”第二天，贺英只身一人闯进匪巢，提了两个凶手血淋淋的首级回来，为徐妻祭了坟。

有一天，贺戊妹回营报告说：“五里区的农协主席彭兴周叛变投敌了，他杀害了县委特派员温练之。怎么办？我今晚去把他收拾掉。”贺英听后说：“此人不除，定会威胁到我们。”她想了想又说：“彭兴周是武林高手，你一人恐怕不行，我和你一起去。”于是，她取出双刀，分给戊妹一把：“不能用枪，只用刀就行了。”

朦胧的月光下，彭兴周正在院中练武，贺英姊妹俩飞身入院。彭兴周一眼就认出了贺英。他知道来者不善，拔腿便逃，却被戊妹一个箭步拦住了，三人拼杀起来。彭虽武艺高超，却不是贺英姊妹俩的对手，才几个回合，就被贺英削断右臂，贺戊妹趁机上前一刀取了彭的首级。

1927 年 10 月，陈策勋调动 600 多人围攻贺英队伍，扬言“不抓到贺寡妇绝不收兵”。当时，贺英骑着一匹大白马，指挥队伍同敌人周旋，日夜在枪林弹雨中度过。面对敌强我弱的形势，贺英率队伍从桑植绕道慈利边界的官地坪，进入湖北鹤峰的大山之中。29 天打了 32 仗，几乎是一天一仗，甚至有时一天打几仗，把陈策勋的人马拖得精疲力竭。杀到最后，贺英率队伍进入了堰垭的大山。在这里，她得到了谷绩廷生前好友、“哥老会”中的“仁义大哥”邓仁山夫妇的关照，队伍才得以休整。

邓仁山的妻子谷德桃，比贺英年长 3 岁、人称“谷大姐”，在江湖上很有名气。邓仁山夫妇率

50 多个弟兄 10 多支枪，在堰垭山安营扎寨，专门打富济贫。

贺英在堰垭休整了一段时间后，又率队伍走到王家河、割耳台一带，这里是贺英外婆家。这年冬天，天气特别的冷，大雪封山，山上一尺多厚的雪，吃饭靠老百姓送苞谷子，吃菜靠弟兄们上山打猎、挖野菜根儿。生活艰苦，贺英同大家都不怕，最要紧的是荒无人烟，与世隔绝，听不到贺龙的消息。贺英叹道："以前咱们在桑植能站得住脚，是有贺龙这面大旗在外边飘扬，贺龙这面大旗倒了，我们就立不住脚了。"

听到关于贺龙的各种谣传，贺英的心情极为沉重，她内心焦虑不安。她派部下到武汉探听消息，自己又带了几十个人，化装成一支运盐队伍，经慈利、石门、临澧等地，冒着种种危险，转了一个大圈子，去寻找和迎接贺龙。一次次怀着希望而去，又一次次失望而回。

没有贺龙确切的消息，贺英的心几乎要碎了。夜深人静时，贺英一人走出营地，上到山头面向东方，昂首挺胸，直直地站在那里。清冷的月光照着她的身影，寒风抖动着她的衣襟。她一动不动，像一尊雕像，目光中满是对亲人的期盼！

桑植喜相逢

1928 年春天，贺英忽然听到消息，贺龙从上海到洪湖了，他在那里组织暴动，打了不少的胜仗，消灭了洪湖地区的土匪和大地主恶霸，还成立了第 49 路工农革命军，不日将会打到家乡来。贺英兴奋极了，立刻把这一消息传达给队伍里的同志们。大家听后，士气大振，纷纷说道：我们快回桑植，去迎接贺龙的部队。贺英怀着同样的心情，同弟兄们一起把队伍拉回了桑植，她一面同敌人周旋，一面等候贺龙的到来。

1928 年 2 月 20 日，贺龙和周逸群带着贺锦斋、卢冬生、黄鳌、李良耀等一行 10 余人化装成商人，按照湘西北特委原定计划，从石首向湘西桑植县洪家关进发。一路经过许多市镇，发现国民党军队巡查很严。为避免发生冲突，他们只好绕道，晓行夜宿，渴饮饥餐。

贺龙返乡的消息，被湖南省省长何键和“湘西王”陈渠珍获知，他们分别给桑植县保安团团长陈策勋发来急电，说贺龙一行已到达湘西，要他捉拿贺龙。陈策勋见了电报，心里不由得一惊：不是说已经死了吗，他怎么还活着？陈策勋忽然害怕起来。等缓过神来，他连忙把手下的 4 个大队长叫来商量对策，最后决定把人马安置在贺龙回乡必经的土地垭几条要道上，企图将贺龙一行人一网打尽。

4 个大队长，除第 4 大队长钟慎吾外，其他 3 个一个比一个坏，最坏的就是陈黑。这个陈黑就是当年设鸿门宴杀害贺英丈夫谷绩廷的陈黑满。他听到贺龙发誓要为姐夫报仇，取下他的脑壳时，吓得跑到外地，改名陈黑。陈黑在外边混了数年，当听到贺龙在南昌起义兵败的消息后，又跑回桑植，投靠了陈策勋。

钟慎吾是贺龙的旧部，对贺龙一向忠心耿耿。当他得知贺龙要回来的消息，很为他的安全担忧。陈策勋命令他把守的是竹叶坪，可 1 大队陈黑把守的是陈家坪、2大队陈新如把守的是空树壳，这是进入桑植的必经之路，贺龙若是从那里走，将是极其危险的。于是，钟慎吾一边让在交通要隘土地垭开伙铺的内兄彭辉成，密切注意陈策勋的动向；同时又写了一封信，让在另一要道新场坪的内弟彭辉钿，抄近路去拦截贺龙，告诉他们绕开空树壳。

彭辉钿当即翻山越岭抄近路，终于在叶家桥追上了贺龙一行。贺龙见了钟慎吾的信后，握着彭辉钿的手说："几年没见慎吾了，他现在可好？"

彭辉钿说："都好，就是屈于陈策勋手下，心中郁闷，有心脱开，但陈的势大，只好明知不是伴，事急且相随。他听说您回来了，可高兴哩，就盼着见到您哩。"

贺龙对周逸群、贺锦斋等人说："陈策勋这狗日的在空树壳埋伏了人马要捉我们，空树壳这条路不能走了，咱们走小路去竹叶坪吧。"

贺龙一行在彭辉钿的带领下，直奔竹叶坪。钟慎吾见贺龙到来，迎上前大声说道："常兄，我可想死你了！"

贺龙握着钟慎吾的手说："慎吾，家里都好吧！"

钟慎吾说："都好，都好，就是想你啊，天天做梦都想。你参加了南昌暴动，我替你提着心，后来听说你遇了难，我吃不下饭、睡不着觉，给你烧的纸就有一车。后又听说你要回来的消息，我冲天磕头，谢老天爷保佑你。"

贺龙笑着说："敌人盼我死，我是死不了的！"

钟慎吾说："常兄，你此次回桑植，打算怎么办？"

贺龙坚定地说："自然是拉队伍。"

"好！好！常兄，我这支人马都交给你了。"

贺龙说："当然好啦。不过，你先驻扎在这里，这个地方很重要，等我到洪家关，拉起了队伍，再派人来找你。"贺龙又问道："前边的陈家坪是谁在守？"

"是陈黑守在那里。陈策勋还放出风，说如果我把贺龙放走了，陈黑就在陈家坪捉拿。"

贺龙双眉一挑说："老子去揪掉他的脑壳。"

钟慎吾说："陈黑这人心黑手狠，不得不防，我看你们还是暗里在我这儿住上一段时间，什么时候陈黑这只狼打盹，再悄悄过去。"

贺龙笑道："我来桑植拉队伍，岂能让他陈黑误我大事。"

钟慎吾为难地说："陈黑把道卡子都卡住了，日夜有人把守，不得不防，绕不过呀。"

贺龙猛地站起身，说："趁陈黑还没料到我们已到竹叶坪，我们连夜赶到陈家坪，给他来个窝里掏狼，抓住陈黑，将其就地正法，就会把桑植的那些乌龟王八蛋吓住！"

贺龙的意见大家都同意，可怎么才能抓住陈黑呢？贺龙说："要抓陈黑，人不能多，声势不能大，我一人去就行了。"他不顾众人的劝阻，挥手说道："我意已决，大家不必阻拦。"于是，他换了顶呢礼帽，穿了件青色马褂，骑了匹快马，出了竹叶坪，直奔陈家坪。不到两个时辰，贺龙就把正在熬夜抽大烟的陈黑解决掉了。

1928 年 2 月 28 日，贺龙、周逸群、贺锦斋等人一行，历尽千辛万苦，闯过重重险关，终于回到了洪家关。由于乡亲们早已得到了信儿，当贺龙等人到达村头时，乡亲们已站在村口敲锣打鼓、鸣鞭放炮地欢迎，簇拥着他进入早已被国民党匪徒烧过多次、只剩下两间破屋的院子。

贺龙回来的消息像春风一样吹到了贺英耳边，她兴奋极了。当贺龙到达洪家关的时候，她快马加鞭地也从王家河赶到了洪家关。

只见她身穿粗布衣，头上绾着髻，腰中别着两把短枪，身后跟着 4 个女兵，都背着匣子枪，威风凛凛。

贺龙看见贺英赶来了，高兴地向她跑过去，大声喊道："大姐！"

贺英拉着贺龙的手，还以为是在做梦呢。她看了看外面，阳光灿烂，握了握弟弟的手，温热柔软，喃喃道："真是你呀常常！我这悬着半年多的心终于可以放下了。"说完，泪水止不住地往下流。她又同周逸群、贺锦斋等人一一握手。

贺龙笑着说："大姐，我们走后，让你受苦了。今天我们回来了，应当高兴是吧。"

周逸群附和道："是的，大姐应当高兴。"

贺英用手绢擦着眼泪说："我太想你们了，这是高兴的。"

贺龙又告诉她："大姐，我现在是共产党了。"

贺英连连点头:“好，好，跟共产党好啊!”

贺英高兴地对周逸群说道:“周主任，常常走上革命道路，你是他的引路人啊!”

周逸群说:“大姐，云卿（贺龙的字）走上革命道路，是他自己的努力，也是大姐你的帮助。大姐的英名，早就在我们党内传开了。”

贺英摆摆手说:“我怎么能同你们共产党员比哟!我还要努力加入共产党!”

接着，贺龙又把黄鳌、卢冬生等人给贺英作了介绍。介绍完毕，贺英从身上掏出一支崭新的、金光闪闪的、上面刻着外国旗符号的小手枪，递到贺龙面前:“常常，你看这是什么?”

贺龙接过手枪一看，不由大喜。原来，这支手枪是贺龙在四川讨贼军中当团长时，与川军打仗从范绍增处缴来的。后来这枪被一个姓马的骗了去。不久前，贺英同陈策勋作战时，又缴回了此枪。现在，贺英把枪交给弟弟，可谓物归原主了。

这天，贺龙家的院子里像办喜事一样热闹。屋门前人来人往，出出进进，挤得水泄不通。

贺龙、周逸群等人，即按中共中央指示开展

武装斗争，开辟革命根据地。当晚，湘西北特委在贺龙家里召开紧急会议，研究宣传发动群众，联络和争取各地方武装，迅速建立起义军，组织桑植起义等问题。

会议刚一开始，对面的鹰嘴山上忽然传来“叭叭叭”的一阵枪响。枪声就是敌情，就是命令。为保护特委的安全，贺英率领她的游击队和洪家关的300多名群众，立即前去搜山。一时间，灯笼火把遍布鹰嘴山，搜山人员钻树林、踏荆棘，火光时隐时现，铁桶般围向鹰嘴山。

特委会议继续紧张地进行着，会议决定，立即组织宣传共产党的政策，开展减租减息的斗争，并树起招兵买马的大旗。立时，桑植及周围各县都震动了，归附者络绎不绝。亲族中有贺英的妹丈、红土坪的刘玉阶率10余支枪30余人相投；桑植罗峪大地主刘子维，是个大团防头子，其过去虽与贺家不睦，然与贺家是亲戚，也率枪10多支三四百人来投，并将家藏的粮、骡马、猪羊、银元，献给了贺龙，作为队伍开支之用；贺龙族兄贺炳南率数十支枪200多人相投；族弟贺佩卿率10

余支枪百余人相投；旧部王炳南、梨树垭的李清云、竹叶坪的钟慎吾、杜家山的谷志成等，都相继带领人马前来加入。不到一个月的工夫，贺龙便拉起了一支 3000 人的队伍。贺英也将自己掌握的包括四妹贺满姑组织的农民武装近千人，还有从武汉带回的金银物品换成银元交给贺龙和周逸群，她身边只留一些短枪和 20 来个兄弟回到鱼鳞寨。

保护红军家属

经过一个多月的发动群众和收编旧军队，贺龙与周逸群决定正式成立工农革命军，贺龙为军长，周逸群为党代表，黄鳌为参谋长，贺锦斋为第 1 师师长。

1928 年 4 月初，工农革命军在贺龙军长的指挥下，兵分三路把桑植县城团团围住。贺龙一声令下，各路大军向城内发起猛烈的进攻，顿时城内枪声大作，硝烟弥漫。经过两小时的激战，工农革命军占领桑植县城。陈策勋见势不妙，带着余部偷偷从南门逃向西面大山里。

当夜，湘西北特委在澧源书院召开会议，成立中共桑植县委，由李良耀出任县委书记，并着手建立革命政权，开展土地革命，改编部队，防止敌人反扑。

湘西工农革命军的成立和桑植起义的胜利，引起了敌人的极大恐慌。逃出县城的桑植保安团团长陈策勋，即向湖南省当局发去告急电。湖南省主席何键、“清乡”督办鲁涤平接到电报后，又急报南京。南京下令湘鄂黔三省，要趁贺龙立足未稳，一举荡平之。

4 月中旬，贵州军阀令第 43 军驻湘西的第 3 师第 5 旅龙毓仁部，会同陈策勋保安团，杀向桑植县城，共同“围剿”湘西工农革命军。工农革命军刚刚建立，武器装备七拼八凑，弹药奇缺，战斗力并不强。面对强敌的围攻，为保存革命力量，贺龙和周逸群决定把部队退出桑植县城，在梨树垭、三屋迴等地迎战。

敌旅长龙毓仁见贺龙的队伍不堪一击，轻易

就被赶出了县城，遂下令其部紧追不舍。工农革命军最终被冲散，贺龙、黄鳌带领数百人撤到苦竹坪一带，才摆脱敌人的追击。周逸群和贺锦斋等也失去了联系。贺龙收集失散的队伍，只好来到桑植和鹤峰交界的红土坪一带，坚持游击战争。7 月，湘西特委指示，将工农革命军正式改编为中国工农革命军第 4 军。

贺龙的主力离开桑植后，陈策勋见贺英势单力薄，便乘机疯狂地对她进行“搜剿”。国民党团防、土豪劣绅、地痞流氓等统统都活动了起来，他们疯狂屠杀共产党员和革命家属。住在洪家关的工农革命军眷属的安全受到严重威胁。贺英率领游击队把他们组织起来安置到妹妹贺满姑的家乡长坪。当敌人“围剿”长坪时，她又带着眷属转移到覃湾，想尽办法保护着他们。

贺英是游击队的主心骨，在公开场合大家都叫她“司令”，平时一般都称她“香大姐”。她带着游击队活动在桑植的罗峪、龙潭坪、四门岩和鹤峰的堰垭、柘坪、太平、割耳台等地，发动群众，联系地方武装，巧妙地同敌人周旋。

1928年农历八月的一天，贺英率领游击队从鹤峰来到桑植的罗峪一带打游击。这里的群众基础比较好，地形复杂，到处是悬崖峭壁，敌人不敢轻易进来。于是，就在这里驻扎了下来。为了不暴露目标，贺英让队员们装扮成农民，同当地人民群众一起下地劳动，有时上山打猎。贺英带领的游击队虽然人少，但她毫不胆怯。敌人尽管气势汹汹，最终也奈何不了贺英。只是深山僻野，消息闭塞，很难与外界取得联系。贺英陆续派出侦察人员，化装成山货郎走村串巷，到处打听贺龙部队的情况，他们带回来一些不好的消息，让贺英心情更加沉重。有的说贺龙部队在石门一带受挫，参谋长黄鳌、师长贺锦斋被打死了，还有的说贺龙的脑壳也被砍下来了。

贺英整日坐立不安，心提到了嗓子眼。南京、长沙的报纸大吹大擂，说什么“消灭共军干将”“斩断贺龙两只臂膀”等。县里的陈策勋更是得意忘形，他抓不到贺英，就向革命群众下手，追捕共产党员和工农革命军的亲属。

贺英的一个远房兄弟贺廉元，是红4军中的

一名团长，陈策勋杀害了他的妻子和8岁的儿子，还把母子俩的尸体扔到了山崖里。红4军大队长王炳南的父亲和儿子，被陈策勋的人抓进了大牢，爷孙俩被打得遍体鳞伤。

这些不幸的消息传到贺英的耳朵里，她难过得吃不下饭，睡不着觉。

一天傍晚，贺英与游击队员们正在吃饭，放哨的队员王华听到崖壳地的芭蕉叶哗哗作响，发现有敌人来袭，于是鸣枪报警。贺英听到枪声，连忙放下碗筷，命令道："有敌情，准备战斗。"

这时，警卫员龚莲香也跑来大声喊道："贺司令，赶快突围，我们被敌人包围了！"贺英立即命令徐焕然、向连生和唐佑清等掩护家属和孩子们往山里撤，命令龚莲香、贺满姑、张月圆等带领队伍跟随她阻击敌人。不一会儿，敌人就冲进了村子。原来，偷袭贺英的是刘子维的团防兵。

激战中，警卫员龚莲香不幸腹部中弹，张月圆急忙去救护，龚莲香一把推开说道："赶快掩护司令突围，不要管我！"这时，龚莲香强忍伤痛，一手捂着血流不止的小肚子，一手边跑边放枪，她想把敌人引开。龚莲香跑了一阵之后，肠子流了出来，拖在地上，实在跑不动了，才停下来继续与敌人接火，直到子弹打尽。敌人追上来，又朝她胸部和头部开了几枪，龚莲香壮烈牺牲。

龚莲香是贺英最喜爱的女兵之一，每晚都睡在她的身边，贺英像对待女儿一样待她。龚莲香的牺牲，让贺英痛心不已。

这时，徐焕然、向连生、唐佑清等带领一部分人冲了过去，他们一边向敌人还击，一边大声喊道："冲啊，冲啊！"贺满姑也带着一部分人从另一边冲杀了出来。敌人发现被两边夹击，吼声震天，枪声不断，也摸不透虚实，便暂时放弃了攻击。

贺英判断："敌人不会就此罢休，还会来袭击的，我们必须尽快撤离。"她令人背上龚莲香的尸体，带领部队跑到了另一座山上。

贺英等人正商量如何收容失散的同志时，刘子维又指挥人马冲杀过来，敌人边冲边喊："贺寡妇只剩两杆空枪了，追上去抓活的呀！"刘子维仗着人多势众，带着团防兵发疯似的向山上冲，子弹像雨点一样朝贺英他们的方向打过来。贺英边抵抗边撤，忽然一颗子弹飞过来穿透了她的右臂，她撕下一块衣襟，简单缠了一下，又与敌人打了起来，最后，她和几个队员终于冲出了敌人的重围。

他们摸黑往鹤峰方向行走，一连走了几十里路，到了堰垭附近的一个叫凤翅山的地方才停住了脚。凤翅山上有座尼姑庙，庙里的老尼姑与贺英相识，老尼姑见贺英满身是血，就用香灰给她止血，又拿出自己的衣衫给贺英换上。

为了收容失散的队员，贺英在这一带坚持了20多天，一边派人打听和寻找失散队员的下落，一边等待队员们的到来。大部分队员陆续收拢了，只有满姑带领的几个人没有消息。贺英十分担心满姑的下落，但不能再等了，否则给养都很成问题。于是决定带领队伍进入鹤峰县。他们经梅坪、走马坪、太平镇等地，最后在外婆家王家河歇下脚来。

王家河一带，山高林密，群众基础好。老百姓对贺英都很敬重。贺英利用这里山高林密、地利人和的有利条件，发动群众，建立农会，慢慢站稳了脚跟。

这里的山民不多，而且都很穷，常年靠吃苞

谷红薯度日。贺英就采用长途奔袭的办法，到附近50里外的村子去打土豪，将打来的浮财除留一小部分供队伍吃用外，大部分都分给当地的老百姓。山民们更加拥护和支持贺英的游击队，常常给他们送信、传递外面的消息，年轻人也纷纷加入到她的队伍中来。

王家河附近有个生产陶器的窑子，贫苦的窑工都认识贺英，而且对贺英这位能打双枪的女司令佩服有加。一天，贺英正带着徐焕然、向连生、张月圆3人到窑厂找工人了解情况，侦察员跑来向贺英报告:“香大姐，不好了，满姑被桃子溪团防张恒如抓去了，关在桑植县城里。”

原来，贺英的队伍在罗峪被刘子维打败后，贺满姑带着几个人，在山里找了好几天，始终没有找到贺英，她以为贺英转到了别处，便带着人回到了外半县丈夫的家乡杨垭，打算在家乡一边活动，一边等贺英、贺龙回来。

贺满姑有5个孩子，她参加革命后，孩子都交给丈夫照看。满姑见当地反动势力十分猖獗，就不敢在家中多作停留，只好三天两头地换地方，多住在亲友家。她想孩子，就把3个小的接到身边，孩子都还年幼，三儿子向楚才只5岁，四儿子向楚汉只3岁，五女儿才生下8个月，还没有起名，家里都呼为“门丫头”。正是由于这3个孩子来到她身边，却被敌人发现了她的踪迹。

桃子溪团防头子张恒如得知贺满姑转移到周家峪附近段家台小村的消息，如获至宝，迅速带兵包围了小村，最终把贺满姑及3个小孩子都抓走了，连夜押到县城，交给了驻防县城的省军于团长。于团长见抓到了贺龙的胞妹，大喜，马上电告省里，称其“捕获湘西农工妇女总队长、匪首贺龙之胞妹贺满姑”。

于团长亲自审问贺满姑，假惺惺地说：“只要你说出了贺英在哪里，我保证你和你孩子的安全。”

贺满姑说：“她在哪里我怎么知道？”

于团长见她不说，凶相毕露，恶狠狠地说道：“你带我们去抓贺英，不然，你，还有你的3个孩子，都别想活。”

3个年幼的孩子被吓得哇哇直哭，紧紧地抱着娘，满姑心如刀割，她咬着牙，一声不吭。

于团长得不到满意的回答，就对满姑动刑。他指使凶手先用烙铁烫她的脊背，然后用猪鬃刺她的乳头，还当面毒打她的孩子。

贺满姑见国民党如此卑鄙，怒骂道：“你们不用狂，我香姑姐、常哥一定会回来为我报仇的。”

贺英得知四妹满姑被捕的消息，悲痛万分。想起满姑是怀着身孕跟她一起闹革命的，没过过几天安稳的日子，为了革命，她既没很好地尽到一个做妻子的责任，也没有好好享受到做母亲的天伦之乐。便想法进行营救。

贺英有个堂嫂叫陈桂姑，她有熟人在于团长的部队里，知道于团长特别贪财，贺英就委托她送钱，将3个孩子赎了出来。

贺英又派人到县城活动，托人保释满姑，但于团长发话，捉不到贺英，决不释放贺满姑。

国民党军警对贺满姑不断地进行折磨和侮辱。满姑知道，敌人是不会轻易放她出去的，也不想再连累姐姐和其他人，便想服毒自尽。经常给牢里送饭的老婆子郑冬姑是县城里的穷苦人家，与满姑是老熟人，对满姑遭受这样的折磨也十分同情。

一天，郑婆婆又往牢里送饭，贺满姑悄悄对她说："郑嫂，我是逃不出去了，你想法给我弄点鸦片进来吧。"

郑婆子立时明白了满姑的意思，点了点头。回去之后，她托人弄了些鸦片，等再次送饭时，特地为满姑做了十几个汤圆，里面包着鸦片烟。她送到牢中，泪流满面地看着满姑悉数将汤圆吞下。她离开不一会儿，毒性发作，满姑脸色发青，口吐白沫，不省人事。

于团长原是想在农历八月十五中秋节那天处死她的，并以此炫耀他们的声威，如今见贺满姑服了毒，遂决定当即行刑处死。于是，迅速派人将昏迷中的贺满姑抬往县城北门校场坪。1928 年 8 月 6 日，已奄奄一息的贺满姑，被刽子手们架到行刑地，然后捆在木桩上，用刺刀一刀一刀凌迟处死。

就在贺满姑被杀害的同一天，刘子维勾结陈策勋等匪军数百人，"围剿"贺英游击队。贺英在敌众我寡、自己遍体鳞伤的情况下，仍然坚持战斗，同敌人巧妙周旋。摆脱敌人的包围和追击后，又经过 30 多天的艰苦跋涉，转移到鹤峰堰垭一带开展游击。

贺英听到了满姑遇害的消息，悲痛万分。想起丈夫、父亲、弟弟、亲戚、朋友，一个个被敌人杀害，而今，妹妹又被敌人残害致死，血的仇恨，使她胸膛燃烧着仇恨的烈火。她更加清醒地认识到，贺龙率红军离开家乡后，保卫家乡、保卫红军眷属的重担只能落在她的身上，决不能再让那些丧尽天良的强盗残害任何一个红军的亲属。

于是，贺英将他们组织起来进行保护，对满姑留下的5个孩子更是精心照顾。她把满姑的大儿子向楚生，二儿子向楚明，四儿子向楚汉接出来留在自己身边。后来，她见向楚生、向楚明都到了上学的年龄，不能老随她在山里转，就通过地下党组织，把两个孩子送到上海上学。她自己没有孩子，这些红军的后代，都当成自己的孩子来看待。

当时，贺英的队伍里有老有少，特别是孩子居多，大大小小十几个。这样一支庞杂的队伍，要在敌人不断“围剿”的情况下生存下来是异常艰难的。贺英采取的措施是，能拿枪的就拿枪，能打仗的就参加打仗。男女老少都是战士，并按照战斗的要求编了组，还教他们练兵习武，贺英亲自督练，以培养他们勇于战斗的尚武精神。后来，许多孩子成为革命的中坚力量。

贺龙回忆大姐贺英时说道：“我姐姐、妹妹的孩子，还有一些战友、旧部下的孩子，多年来都是她抚养的。当时，我也没得办法从经济上、物质上帮她，什么困难全都是她独自解决的。她很爱孩子，她自己一生没有孩子，不过，她是一个好母亲。”

雪中送炭

1928 年 9 月 9 日，贺龙的红 4 军在石门泥沙兵败之后，国民党又乘机加强了对红 4 军的“围剿”。此时，贺龙的部队除死伤之外，逃走的逃走、失散的失散，仅剩下 200 多人。在各路反动派的强大兵势逼迫下，红 4 军只能撤向鄂西的大山中求生存。

红军没有吃穿，就挖野菜充饥，用茅草结衣

御寒。因为没有油盐吃，好多人都得了夜盲病。大山中村寨少，晚上只能住在冰冷潮湿的山洞中。因为敌人不停在后面追赶，他们几乎每一天都要换一个地方，过着今天有窝，明天就不知窝在哪儿的日子。因为太苦，每天都有士兵逃跑，甚至有的军官受不了这种罪，想杀掉贺龙去领赏。当贺龙带着这支疲惫之军到达堰垭时，队伍里剩下的不足百人，长短枪 72 支。

为了与上级组织取得联系，贺龙派出去的几个人都没回来，于是他又派卢冬生去找湖南省委和湘西特委汇报情况。卢冬生几经周折，才联系上了驻扎在王家河的贺英游击队。他把红 4 军在泥沙兵败后，被困在大山中的情况向贺英作了详细汇报。贺英又喜又忧，主力部队终于有了消息，可红 4 军面临如此大的困难，该怎么帮助解决呢？她自负伤以后，又不断地连续与敌人作战，身体尚未恢复，但帮助红 4 军渡过当前的难关一天也不能耽误。她迅速召集游击队的兄弟姐妹们商量说："我们占了一块地盘，群众基础较好，工作开展得还顺利，可是主力部队几次受挫，现在正困在深山中，部队的给养和弹药出现了严重的短缺，我们该怎么办？”

大家你一言我一语地讨论了一阵，一致表示要想办法支援主力部队。贺戊妹说道：“明天我就带上两个小孩，装成叫花子去沙道沟一带乞讨踩点，摸清大户人家的情况，还是采取老办法解决物资问题吧。”

贺英只好同意，一再嘱咐，要多加小心，速去速回。两天后，戊妹回来报告了情况，于是，他们又以长途奔袭的战术，到40里外的沙道沟一带打了几家土豪，弄了不少银元、布匹、棉花、腊肉、粮食和部分弹药，用骡马和人力运往堰垭大山里。

正当贺龙在山中焦急等待卢冬生的消息时，贺英大姐和戊妹二姐等人带着物资来了。贺龙远远就看见大姐在马上英姿飒爽的身影，高兴地向大家喊了一声：“同志们，大姐来了！”

王炳南等人也几乎同时喊出：“大姐来了！”他们欢呼着，奔跑着，向贺英的队伍迎上去。

贺英给他们送来了银元、布匹、子弹、食盐、粮食等，贺龙和官兵们看着这一切，激动得不知说什么好。这些物资，对于艰难受困的红4军来说，简直是雪中送炭，真是太需要，太及时了。

贺英见战士们一个个面黄肌瘦，头发和胡子都长长的，身上的衣服破烂不堪，如同叫花子一般，忍不住鼻子发酸。可她没让眼里的泪花儿落下，贺英不是那种婆婆妈妈的女人，而是笑着说道：“常常，看你这条龙，如今成了猴王啦。”她一指战士们：“看他们瘦成这个样子，个个像猴子啦，怎么打仗？”

贺龙看了看战士们，又瞅了瞅自己，不由得苦笑了一下。他惊奇地问贺英：“大姐，你是怎么知道我们在这里的呀？”

贺英便把卢冬生化装成讨饭的找到他们游击队的情况说了一遍。贺龙听了，不住地点头，暗赞卢冬生头脑灵活，并相信他一定能找到特委。

贺龙把部队失利的情况向大姐述说了一遍，贺英见红军受到这样严重的挫折，自己单单给部队送点东西，是远远没有尽到责任的。于是，她住了下来，同贺龙进行了几次长谈。

贺龙告诉大姐：自从洪家关工农革命军组成

以来，到现在已经 10 个多月了，队伍经历了三起三落，连受几次挫折，这一次竟然败得如此之惨。虽然改编成了中国工农革命军第 4 军，但队伍里来历不明和动机不纯的人太多，思想不统一，革命意志不坚定，一打起仗来就靠不住。这些人就像抓在手里的一把豆子，手一松，一下子就散了。队伍究竟怎样搞，用过去的那一套肯定不行，用大革命时期的那一套也不行，用新的吧，我入党时间不长，经验太少，周逸群又走了，要是他在就好了。如今，天寒地冻，缺衣少食，这还能克服，最难的事情是与党失去了联系，心里没了底儿。卢冬生走了快半个月了，也不知道他与党组织接上头儿了没有。

贺英说："常常，过去人家跟着你，为的是升官发财，如今人家跟你流血卖命，为的是啥呀？你总要有个东西把人家的心拴住才行啊！"

贺龙说："大姐，我跟着共产党，是为穷苦人流血卖命，才抛掉了荣华富贵、高官厚禄。"

贺英说："对呀，你要把这些道理告诉大家，讲给他们听，让他们知道跟着你干革命是为了啥，吃再多的苦是为了啥，甚至丢掉性命是为了啥嘛。我记得你和周逸群都给我讲过，队伍里有了共产党员和共青团员就像是有了骨架，你现在队伍里还有多少骨架？让这些骨架发挥作用呀！”

贺龙叹了一口气，说：“只能怪我入党晚，对共产党统领军队的一套办法还没弄熟。”

“不熟就慢慢摸索，总不会出大格吧。比如葫芦，还有个把儿。依我看，队伍里的共产党员和共青团员就像是葫芦的把儿。你呀，抓住队伍里的葫芦把儿，队伍就准能发展起来。队伍要伍，不伍不行啊。”

“大姐说得对，我过去忽视了这么重要的一点，马上就这么做。你再多住几天，帮帮我，战士们也都舍不得你离开呀！”

贺英又住了几天，列席了贺龙召开的前委会议。又分别找廖卓然、王炳南、陈协平、张一鸣等几个主要负责人谈了话，还同戊妹一起细心照顾那些受伤、生病的战士。

贺龙总结了前几次遭受挫折的教训，并根据贺英的建议，着手整顿部队，遣散了老弱和动机不纯的分子，发展了党员、团员，依靠队伍中党团骨干，加紧练兵，加强了基层领导骨干的调整，严格了管理教育，进行了著名的堰垭整编。

经过整顿，红 4 军这个只有 91 人 72 支枪的队伍精神面貌大变，人员觉悟提高了，立场更坚定，并且形成了党的坚实领导。贺龙还根据贺英的建议，把现有人员分为 9 个班，每个班都有党员或团员。廖卓然当排长，王炳南当大队长。

贺英看到部队有了变化，才放心地离开堰垭山，回到了王家河。

从此以后，红 4 军便走上了胜利发展的道路。因此，这次整顿，在红 4 军的建设和发展史上可以说是一个重大的转折点。后来贺龙多次说，1928 年那次石门失败转到鹤峰大山里的时候，若没有大姐贺英的支援，后果不堪设想！

1928 年冬，红 4 军从鹤峰打回桑植，取得了南岔和赤溪河大捷，把湘鄂边根据地连成了一片。这时贺英从王家河又回到了鱼鳞寨，她在这里屯田养兵，还支援了贺龙部分枪支弹药。

一天，贺英发现红 4 军在战斗中负伤的许多伤员无处救治，就在四门岩宝宝洞开了一个救治所，请来大夫，安排护理人员收治伤员，她自己也经常来为伤病员送药品和粮食。有的伤病员见她这么辛苦，就说：“大姐，我们宁肯不吃也不要让你再送大米了。”贺英就说：“我们种了好多稻谷，这大米你们就放心吃吧。等养好伤，再回部队继续同国民党反动派战斗！”宝宝洞救治所先后为红 4 军收治了几十名伤病员。

1929 年 1 月，鹤峰县苏维埃政权建立了，贺英高兴地对贺龙说：“这就好，人家养一群鸡还得有个鸡窝呢，你带这么多兵没有个‘窝’，老是东跑西颠怎么行？”

革命政权的建立，使红 4 军在鹤峰站稳了脚跟，他们积极发动群众，开展游击战争，又连续打了几个大胜仗，红 4 军的人马越来越多，终于发展成为一支实力强大的革命军队。

1930 年春，根据党中央的指示，贺龙率红 4 军向鄂西公安、松滋、洪湖一带发展。7 月 4 日，在公安县南坪镇与周逸群、段德昌创建并领导的红 6 军胜利会师。会师后，组建了中国工农红军第 2

军团，下辖由红4军改编成的红2军和红6军，贺龙任总指挥，周逸群任政委兼军团前委书记。9月，周逸群调任湘鄂西苏维埃联县政府主席，中央任命刚从莫斯科回国的邓中夏任湘鄂西特委书记兼红2军团政委。他刚一上任，就传达中央要求红2军团配合红1、红3军团攻打长沙的指示，结果使部队遭受了重大损失，减员严重。1931年春，中央指示红2军团缩编为红3军，红2军改编为红7、红8师，红6军改红编为红9师。贺龙任军长，邓中夏任政委。

贺龙带着主力部队东下洪湖后，贺英游击队驻守桑鹤边割耳台，配合湘鄂边苏区的军事斗争，负责安置红军伤病员及家属等工作。

巧周旋智收“共产军”

贺龙的部队一离开桑植，湘鄂边各县的国民党军警、地方反动武装乘机向苏区发起进攻。中共鹤峰中心县委领导苏区人民为保卫湘鄂边根据地进行了艰苦卓绝的斗争。贺英率领游击队协同作战，多次击退反动分子和顽敌的来犯，部队回防鹤峰城后，又收复五里坪、走马坪、燕子坪等地。为恢复和巩固当地的苏维埃政权作出了巨大贡献。

1930 年 12 月的一天，红 3 军从洪湖退到了鹤峰的走马坪。在此之前，贺龙曾带领红军两次到过这里。红军纪律严明，给村民们留下极好的印象，老百姓像待亲人一般招待红军。谁知，贺龙这次带红军到寨子之后，寨子里的人大都跑光了。贺龙感到很奇怪，便亲自来到走马坪街心看了看。果然是家家户户都关门掩窗，他回身对一同查看的邓中夏说：“邓政委，这个地方的百姓一向很拥护红军，今日怎么对红军是这般态度？”

邓中夏说：“其中定有原因。”

贺龙和邓中夏商量决定暂不打扰百姓，遂传命令，部队都在寨外歇息。

贺龙和邓中夏又来到街心的一家豆腐坊，贺龙走上前刚要敲门，忽然门开了，走出一个老人。贺龙一见立时笑道：“赵大爹，红军来了，你们怎么关门闭户呀？”

赵老爹见是贺龙，又惊又喜，赶紧把贺龙和邓中夏让到屋中，一边沏茶一边说：“胡子，快别提了，前几天，这里也来了一支队伍，说是‘共产军’，个个穿得七长八短，有的穿长袍马褂，有的穿军衣，也有穿老百姓土布衣的，手里的枪也各式各样。他们也打着红旗。起初老百姓听说红军来了，都挺高兴，欢迎他们进到寨子里，把好房让给他们，把好吃的端给他们，寨子里的几家土豪也都吓跑了。谁知这些人打的是红军旗号，干的可不是红军的事。他们进寨子后，抓鸡摸狗，连偷带拿，拉夫派款，征料征草，闹了七八天才走，可把寨子里的老百姓折腾苦了。听说他们眼下到了奇峰关一带，有两三千人马哩！这不，大伙儿听说‘红军’又来了，都给吓跑了。我那头驴要下驹，不敢离人，刚才从门缝儿看见是你，这才敢来开门。”

贺龙听后怒骂道：“哪儿来的这么一群野狗，敢败坏红军的名声！”

赵老爹说：“是从川东过来的，都是清一色的‘川鼠子’。”赵老爹又高兴地问道：“胡子，你的队伍是不是都来了？”

贺龙笑道：“乡亲们躲藏起来了，又不开门，我的队伍都驻扎在寨子外了。”

赵老爹一听，立即站起身说：“住寨外？雨露风寒的，那哪儿成呀？我这就去吆喝大伙儿开门。”说罢，从墙上取下一个卖油用的梆子走出门，一边“梆梆”地敲着一边喊道：“老少爷们儿，快出来吧，是贺胡子的正经红军回来啦！”

赵老爹走街串巷这么一吆喝，许多家的门都开了。那些跑到附近山林躲藏的人听到喊声，也都陆续回来了。大家见真是贺龙的人马到了，都很高兴，忙着腾屋扫院，招待红军。

红3军住下之后，贺龙打算派人去了解那支“共产军”的实情。正在这时，贺龙接到大姐贺英送来的一封信，这才知道一些这支“共产军”的原委。

原来，“共产军”里有3个首领，一个叫覃伯卿，一个叫甘占元，一个叫张轩。覃伯卿是四川人，早年留学日本，回国后向往革命，是四川第一批共产党员。早些年，在川军杨森处做党的地下工作。组织兵变失败后，他回到家乡东忠县石宝寨拉队伍，打出了“共产军”的旗帜，同当地的反动势力进行武装斗争。这时，川东土著军甘占元、张轩有被消灭的危险。覃伯卿便以同乡之谊，将二人拉到一起，3 支队伍合起来有 3000 多人，2000 余支枪，继续打着“共产军”旗号。杨森得知后，便派兵“围剿”他们。正值冬天，杨森的兵马来势很猛，“共产军”抵敌不住，便退到川东的黔江山中。杨森的兵马继续追赶，“共产军”在山林中缺衣少食，处境十分困难，“开小差”的也越来越多。覃伯卿与甘、张两人商量，决定把“共产军”拉到湘鄂边，投奔贺龙的红军。甘、张迫于形势，只好点头同意。这样，他们到达湖北宣恩县境沙道沟后，覃伯卿便派人与贺英取得联系。

鹤峰县苏维埃政府得知有一支来路不明的“共产军”到了鄂西，上上下下都慌了，他们都觉得情况很严重。为防止意外，各区乡地方工作人员也都采取了紧急措施，坚壁了物资，埋藏了文件。

中心县委书记汪毅夫立即召集鹤峰县委书记郭天明、游击队队长贺英等人一起研究对策。

贺英说道："我也收到他们想联系贺龙部队投奔红军的信，正要向组织汇报。我觉得，既然这支部队自称是'共产军'，还喊出了杀富济贫、打土豪的口号，我们何不先派人去了解清楚他们的底细，若是能收编，岂不是更好？"

大家都觉得贺英说得在理，便同意了贺英的意见。

最后，党组织决定派贺英作全权代表去谈判。理由有：一是贺英是贺龙的大姐，在社会上有崇高的威望；二是贺英的游击队驻在割耳台、太平镇一带，离沙道沟最近；三是贺英曾和一些旧武装打过交道，有着丰富的斗争经验；四是贺英武功不凡，机警过人。

贺英二话没说，便接受了这个艰险的任务。她回到太平镇后，立即找来游击队里善于交际和应酬的副官魏振清和李占奎，派他们先去会会这支"共产军"，探听虚实。于是，二人骑马来到了沙道沟。

覃伯卿等人一见是贺英派来的人，很是高兴，当即声明他们"共产军"是来投奔红军投奔贺龙的，想请贺英给搭个桥。覃、甘、张三人热情地招待了魏振清和李占奎一番。临走时，覃伯卿再三恳请："与贺英大姐相见，是我们'共产军'官兵之望。"

魏振清和李占奎回到鹤峰后，便把覃、甘、张三人想见贺英的话说了一遍。贺英听后说："我明天就去。"

大家听说贺英要去会"共产军"的头领，都劝她不可冒险，免得上当受骗。贺英说："不是这样的。不入虎穴，焉知底细。你们放心吧，我会有办法的。"

第二天，贺英带着两名游击队员，骑马来到沙道沟。覃伯卿见贺英真的来了，便亲自出迎，摆茶敬烟，将贺英让到上房攀谈。

大家一阵客气后，覃伯卿便又重申了"共产军"投贺龙当红军的打算。

贺英觉得覃伯卿言辞恳切，感情真挚，很有诚意。但甘、张二人表现不是很积极，心怀叵测。

贺英听完覃伯卿的话，便对他们郑重说道："你们要投红军，共产党和苏维埃人民当然欢迎你们。但是，当红军首先要爱护百姓，要服从苏维埃政府的命令，听从红军的指挥和调遣。”

覃伯卿说：“大姐讲得在理，我们一切都听红军的指挥，听苏维埃政府的指挥。”

贺英见覃伯卿很有诚意，她又同一些下层军官见了面，了解他们的想法。随后，覃伯卿将部队集合起来，又请贺英讲话。

贺英回到鹤峰，把了解的情况向县委书记郭天明作了汇报，并谈了自己的看法，说这支队伍倾向革命，经过教育改造，会成为一支革命的力量。

县委听了汇报，作出了赞成接收“共产军”的决定，并派人送去了一批粮食、猪肉、蔬菜等物资。覃伯卿见了很是高兴，随后，覃、甘、张三头领便带着这支队伍，到了鹤峰境内，驻扎在走马坪一带。

想不到的是“共产军”一到走马坪，就把村寨闹得鸡飞狗跳，乌烟瘴气，老百姓都被他们的胡作非为吓跑了。

鹤峰中心县委接到群众反映后，又立即派贺英去见覃伯卿、甘占元和张轩。贺英见到他们后，对“共产军”违反群众纪律的事进行了批评。覃伯卿听后连连说道："大姐，我们这支部队，刚刚合到一起，都不懂得群众纪律，做了不少让老百姓不高兴的事。这样吧，我们把人马带到奇峰关一带，等着贺龙军长派人来收编。等编到贺龙军长队伍之内后，这些士兵、官长的土匪恶习，就能改掉的。"

贺英又回来向县委作了汇报。县委同意之后，覃伯卿便带着这支队伍到了奇峰关。

当贺英听说红 3 军退到了走马坪，便派人骑快马送信，向贺龙报告了"共产军"欲投红军的情况。贺龙看完来信，就将信交与邓中夏。

邓中夏看罢，沉吟不语，贺龙见状，问道："邓政委，你的意见如何？"

邓中夏说："云卿，我们刚刚战败，部队疲惫至极，若有战事，必定吃亏。覃、甘、张率所部 3000 多人来投红军，不知是真心还是权宜之计，若是另有他谋呢？大姐信中只讲这支人马来投我们，其他的没有提及，若这三人反了水，他们三千号人马，我们可吃不消啊。"

贺龙说："覃伯卿这人我不熟，甘占元、张轩我知道。这两个人都是川东土著小军阀，曾依附过刘湘、王陵基、杨森等，朝秦暮楚，有奶便是娘。”

这时，红3军的其他领导柳直荀、孙德清都走了进来，邓中夏便把贺英的信交给他们看。多数人说此事宜慎重，只有柳直荀说出了自己的看法：“不管这三人是否真心，如今他们既然来相投，我们总要以礼相待。可派人送信给覃、甘、张三人，要他们来此相商收编一事，我们也能从中察看他们是否真心。”

贺龙想了想说：“此事是我大姐接的头儿，我看还是要她代劳吧。”

邓中夏以贺龙的名义写了封信，派人送到贺英处。贺英接到信后，立即带上两名游击队员飞马奔赴奇峰关。到了关前，有士兵拦挡，贺英说：“速去通禀覃司令，就说贺英来访。”

覃伯卿三人也听说贺龙的红3军来到了鹤峰走马坪，正要派人去联系，忽听贺英来了，很是高兴。覃伯卿与甘、张三人亲自出关相迎，将贺英让到司令部内，分宾主落座。贺英便取出贺龙写给覃、甘张三人的信。信中写道：

覃、甘、张各位司令台鉴：久闻雅名，曷胜佩感。欣悉贵军远道而来，光临敝区，特派员面谒，以慰风霜之苦，并表示欢迎之忱。贵军有何需求，希与贺英面商，自当鼎力襄助，幸望各司令约束所部，勿致扰害庶民，为祷。临书不胜，企盼之至。敬叩。

中华民国十九年十二月二十五日

覃伯卿接信一看完，异常高兴，顺手把信交与甘占元，又对贺英说："大姐，我盼归贺龙红军，如大旱盼甘露。今日得知贺军长到了，真是喜从天降。请大姐转告贺军长，对贺军长的关怀，我们从心底里感谢，我们完全服从贺军长为改编所提的条件和要求。"

贺英见覃伯卿态度如此诚恳，也很高兴，便说："覃司令的态度，我当转告贺龙。"

接下来，贺英就红 3 军收编"共产军"的方法，与覃、甘、张三人进行了明确：将覃、甘、张所部编为红 3 军第 2 路军，一切编制都照旧，三人仍然称司令。

三人一致表示同意。于是，贺英告别了覃伯卿，飞马来到走马坪红3军指挥部驻地，见到了贺龙。贺龙又将邓中夏、柳直荀、孙德清、王一鸣、王鹤等红3军的将领，一一向贺英作了介绍。大家都早闻和熟知贺英的大名，今日相见，自然都很高兴。

邓中夏说："香大姐，我们有你这样的革命的好大姐，真是高兴啦。"

贺英笑道："中夏同志，你过奖了，我若能给党做些事，也是共产党教给我的。"

接着，贺英把覃伯卿的言语、态度向贺龙和邓中夏说了一番。

贺龙说道："大姐，照你说来，覃伯卿投我们是一片诚心了？"

贺英说："覃伯卿的态度真诚无疑，只是甘、张二人看起来不是那么坚定，倒要多加提防。"

柳直荀说："我们下个请帖吧，把这三人请来，当面谈谈。"

柳直荀的意见，得到了大家的同意。

贺英回去后，积极为“共产军”的改编做准备。她把工作重点放在下级军官和士兵身上。贺英组织他们去看红 3 军宣传队演的“文明戏”，同他们聊天，启发他们的觉悟。每个连队还送了一头肥猪打牙祭。这样，下级军官和士兵心里热乎乎的，大家一致说：“当红军真好，像到自己家里一样温暖。”

就在这时，红 3 军的侦察员抓到了一名探子，从这个人身上搜出了一封信。贺龙、邓中夏一看这信，立时怒气冲天。

原来，贺英走后，甘占元把张轩拉到屋中喝酒，密谋约请贺龙赴宴，然后杀掉贺龙去请赏。

甘占元说：“蒋介石出 10 万大洋买贺龙的脑袋，我们要把贺龙的脑袋取下来，送给蒋介石，不光能得 10 万大洋，还能弄个师长、旅长当当，不比我们在红军里强得多吗？”

张轩说：“兄弟，我俩投红军，那是逼得没办法。与覃大哥不一样，他是红脑壳出身。只是红军已到了走马坪，他们若知道我们杀了贺龙，能不举兵征讨我们吗？”

甘占元说："这我已想妥。如今红军新败，将士们都如惊弓之鸟，已不堪一击，我已派出了心腹，持信去见陈渠珍、李觉，约请他们里应外合，两下夹攻，红军必败无疑。"

他们万没想到，这封写给陈渠珍、李觉的信，被红军截获。甘占元这封信是以覃伯卿他们三人之名写的。

贺龙、邓中夏看了这样的信后，当然大动肝火。他们决定先不动声色，派人送请帖请他们赴宴，然后在席间把他们杀掉。

这天下午，甘占元、张轩二人正与覃伯卿商议要请贺龙赴宴一事，覃伯卿不知二人有计，自然同意了。就在这时，手下人报告，说贺龙派人送请帖来了，说着便把请帖送了上来。覃伯卿看了请帖，对甘、张二人说："没等我们请贺龙，贺龙先请我们了，咱们如期赴宴。"

贺龙的请帖来得如此突然，甘、张的脑袋一时还没转过弯来，又听覃伯卿这么一说，也只好点头同意。

第二天，覃、甘、张三人带着少数随从，骑

马来到走马坪赴宴。席间，贺龙突然脸色一沉，呼啦一下从外冲进十几个兵，三下五除二地将覃、甘、张三人捆了起来。贺龙令人推来一个兵，对三人喝道:“你们认识他吗?”

在事实面前，甘、张二人无话可说，只是耍赖和叫骂，而覃伯卿也被拉出去一起枪毙了。覃伯卿的确死得有些冤枉，后来党为他平了反，肯定了他的革命功绩。

“共产军”在五里坪被缴械，除从中挑选千余人编入红军外，其余全部遣散。另有“共产军”30余个官佐，因在甘、张土匪队伍中残害过百姓、罪行累累而被处死。红3军缴获了各种枪支2000余支，这是红3军在杨林市失败后的一次大补充。

贺英与“共产军”巧妙应对，为收编“共产军”出谋划策，保证了贺龙等顺利收编这支部队，发展壮大了红3军的力量。

明察秋毫伸大义

红3军收编了“共产军”之后，就在鹤峰县走马坪一带休整。

一天早上，贺龙从司令部出来，准备四处走走看看，却发现门旁墙上贴着一张纸条，上面写道：“贺炳南，草头王，明地是红军，暗地是团防。”

贺龙一愣，顺手撕下那张纸条，在手里揉搓着，顿时心里像压上一块石头，脸色变得铁青。

贺炳南，洪家关人，是贺龙的族兄，比贺龙长几岁。贺炳南过去在旧军队里当小头目，身上积下了不少恶习。贺龙率主力红军东下洪湖后，他带领一个独立团留守在鹤峰，与贺英一起负责保卫湘鄂边苏区。贺炳南除了对贺龙和贺英有所畏惧外，其他谁都不怕。贺龙主力部队在的时候，他还比较收敛，贺龙一走，他就经不住地方土豪恶霸的拉拢，开始吸食鸦片，欺男霸女，敌我不分，与地方上一些团防头子打得火热。

地方党委和群众对他极不满意，但因他是贺龙的族兄，大摆老资格，动不动就训人打人，老百姓都敢怒不敢言。

贺龙回到鹤峰后，曾听到一些风声，却没想到有这么严重。也许是大家都在观望，想看看贺龙在关键时候，是以党的利益为重，大义灭亲，还是心念同族兄弟，放过他一马。

人非草木，孰能无情。贺龙把自己关在司令部里，手里捏着那个纸团在屋里走来走去，内心焦虑不安。他想起多年来族内有多少人抛弃个人的小家，跟随他贺龙出生入死闹革命。他想到了为革命英勇献身的贺锦斋，还有宁死不屈的妹妹贺满姑……他忽然坚定地站在门口，命令通讯员："去把独立团的贺炳南找来！"

贺炳南驻守在离走马坪不远的一个山村里，他特别怕贺龙，贺龙回来后，他一直不敢去见面。现在，贺龙派人来要他过去，使他更加心惊胆战。他了解贺龙的脾气：若是听党的话，真心革命，他会待你亲如手足，关怀备至；若是对党有二心，做出不利于革命的事来，那他可决不手软。贺炳南为什么这么害怕？因为之前贺龙就下令处死了一个叫贺文志的红军叛徒，而贺文志的父亲就是贺龙的族叔。

俗话说：上梁不正下梁歪。贺炳南身边的几个心腹也跟着干了不少坏事，听到贺龙要找他们的头儿，也害怕起来。贺炳南的几个心腹连忙跑过来给他出歪点子："事到如今，赶快给团防队长于明成写信，要是闹得下不了台，干脆投奔他的门下。"

于明成是长阳、五峰边界的一个团防头子，贺炳南以前和他有一定的交情。他考虑了一番，写了一封信叫人悄悄送去。但贺炳南心里还是惴惴不安。一个平常颇有心计的心腹向他建议道："去找香大姐求情，这也许是一个办法。"

贺炳南点了点头。他知道贺龙从小到大都非常敬重大姐，大姐的话他能听得进去。

自从主力红军到鹤峰后，贺英从红3军首长那里听来了不少从洪湖带来的新消息，还从政治部借来一些文件请人念给她听。这天贺英正在认真听毛泽东的《中国社会各阶级的分析》，她听得特别入迷，有时读文件的人读快了，她就赶紧叫停，让重读一遍。重要的内容，她都是反复听，认真体会。

贺英正学得入神时，警卫员走进来向她报告：“司令，贺炳南要求见您。”

她让念文件的人停下，独自坐在那儿想了一会儿。贺炳南的所作所为，她早有所闻，曾多次开导他，可贺炳南表面上答应得好好的，过后依然我行我素。她本想把贺炳南的情况向红3军前委和贺龙好好汇报一下，只是见他们忙于整顿军队，这事就拖下来了。现在贺炳南自己找上门来了，一定是他自己感觉到了不妙。但出于挽救他的想法，贺英决定还是和他好好谈谈。

贺炳南见贺英出来了，就像见到救命菩萨一般，抢先几步迎上去，格外亲热地叫道：“香大姐，我看你来了。”

“好呀，快请进屋吧。”贺英把贺炳南引到屋里坐下，叫人泡了杯茶放在他面前，贺英先跟他闲聊了几句家里的事情。见他一口牙齿黑黄黑黄的，就质问道：“我跟你说过多少次了，叫你把烟戒掉，现在戒掉了吗？”

“唉，我试着戒了，但真是难戒。我不吃饭可以，不吸烟简直就活不下去呀。”

贺英又问道：“姓田的那个女人是有丈夫的，你把她弄来好久了，送回去了吗？”

“哦，不是我不让她回去，她现在死心塌地要跟着我，不肯回去。在我这儿，总比跟着她那穷鬼好过。”贺炳南装作不好意思的样子说道。

贺英见他不但没认识到自身的错误，还强词夺理，突然脸色一沉，发火道：“你自己也不找个镜子照一照，看你像红军还是像白军！”

贺炳南吓得站身起来，低声下气地说道：“别生气，香大姐，一笔写不出两个贺字，我回去马上就改。我还请你到文常那里去帮我说说情呢。”

贺英听见他说出这种话来，更加生气，厉声说道：“莫说你还是一个团长，就是一个普通红军战士也不应该说出这种话来！你走吧，我说不了这个情！”

贺炳南连看也不敢看贺英一眼，低声说道：“那好，香大姐，我告辞了。”

贺英见贺炳南出门了，就吩咐警卫员："赶快备马，我要去红 3 军前委！"她把学习文件收拾好，挎上双枪，系上子弹带，走出门，拉住马缰绳，一个纵身上马，迅速向红 3 军前委驻地奔去。

贺龙听通讯员回来报告说，贺炳南随后就到。可是等了一天也没见人影，贺龙等得有点着急了，脑中闪过一个念头：莫非他反水了？正想亲自走一趟，忽然听到外面的马蹄声，他从窗口探出头一望，是大姐贺英来了。

贺龙赶紧迎了出去，把贺英请到司令部，问道："看你跑得这么急，有什么要紧事吗？"

贺英取出一块粗布手巾，一边抹着脸上的汗水，一边说道："常常，对独立团得赶快采取措施，防止贺炳南闹出大乱子！"

贺龙说道："我已通知贺炳南到司令部来，不知为什么他还没到，正想亲自去问问他呢。"

"他已到过我那里，要我来跟你说情。"

贺龙笑着说道："这么说来，你是给他说情来的喽！"

贺英一笑，把散在鬓边的头发往上理了一理，说:“这么多年了，你还没摸透大姐的脾性？有人叫我是‘观音娘娘’，其实我该说情的才说情，不该说情的还要加把火哩！我看贺炳南是我们贺家的一个败类，红军的败类，不可救药，不及早采取措施，将来会闹得收不了场。”接着，她又详细地把所掌握的关于贺炳南的一些通敌罪行都告诉了贺龙。

贺龙听后非常气愤，他感到事态发展很严重，决定亲自去找贺炳南，说:“我看他长有几个脑袋！”

贺英深知弟弟是个火爆筒子，弄得不好，就会立刻把贺炳南杀掉。她抓住弟弟的胳膊，耐心嘱咐道:“你亲自找他谈一下可以，但到底采取什么措施，一定要等前委开会研究决定，可不能凭你个人意气用事。他虽是洪家关人，是咱们同族兄弟，但他现在是共产党领导下的一个红军团长啊！”

“大姐，这你放心，我自从入党后，任何时候都没忘记自己是一个普通的共产党员。我所带领的军队，是党的军队。我办事，只能按党的指示办。”

“那好，我那边也忙不开，我就回队伍上去。”

贺龙把大姐送上马，看见大姐青丝中已现白发。毕竟快50岁的人了，却还和年轻人一样征战沙场，出生入死，为革命日夜操劳。由于常年在山中游击作战，大姐的脸上过早地布满了皱纹。

贺龙带上一个警卫班的战士，向贺炳南独立团驻地走去。

贺炳南从贺英处回来，窝了一肚子火，他没想到贺英也和贺龙一样不念同族情分，不仅不替他说情，还把他骂了一顿。

他手下的几个干将围在他身边，给他出谋划策。有的主张把队伍拉出去另打旗号，有的主张找贺龙作检讨，还有的主张投靠团防头子于明成。大家争论不休，贺炳南沉着脸，举棋不定。正在这时，有通讯兵跑来报告："贺龙军长来了。"

贺炳南和几个心腹吓得面如土色，你看看我，我看看你，一时都没了主意。贺炳南没办法，只好硬着头皮去迎接。

广大干部战士见贺龙军长来了，都亲热地围了上去。他们对贺炳南的所作所为，早就不满了。贺龙跟大家说了几句问候的话后，就走向贺炳南的团部。

贺炳南非常害怕，他不敢直面贺龙严厉的目光。贺龙让他汇报部队的情况，贺炳南支支吾吾地说着，贺龙越听越不对劲，把手一挥说："你先下去！"随后，贺龙找来一些比较忠诚可靠的官兵谈话，很快，贺龙掌握了贺炳南所有的犯罪证据。

贺龙回到司令部后，把贺炳南的情况向前委作了详细汇报，前委研究决定，撤销贺炳南的职务，把独立团全部改编。

贺英在关键时刻能够头脑清醒，站在正义的立场上，以党的利益为重，及时预见事态的发展，避免了红军遭受更大的损失。

贺炳南并没有以此为教训，不久后就公开叛变投敌。但在敌人那里也没有得到好下场，国民党当局出于争权夺利和假报战功的需要，仍将他予以"清剿"。在走投无路的情况下，贺炳南服鸦片自杀，落得个可耻的下场。

04 一切为了红军

苦战四门岩

1931 年年初，贺龙、邓中夏率红 3 军又离开了桑植、鹤峰苏区，东下洪湖，留下王炳南独立团配合湘鄂边特委留守后方。有人建议贺英随贺龙到洪湖去，但贺英回答：“你们莫看我快成老太婆了，我还不愿吃现成饭呢！”于是，她带领游击队驻守在割耳台。她和队员们一起战时投入战斗，平时开荒种地，喂猪养鸡。为了保证红军子弟读书，贺英还开办起了湘鄂边第一所游击队小学校。

由于苏区经常遭到罗效之团防的骚扰，再加上特委书记周小康坚持执行“左”倾冒险主义路线，屡战失利，使得根据地日益缩小。恰在此时，桑植游击队队长贺佩卿、副队长王湘泉等人反了水。他们带着反水分子，喊着“反共产党不反贺龙”的口号，到处杀人放火，要杀特委书记周小康。一时间，弄得桑鹤苏区乌烟瘴气，老百姓也分不清谁是共产党，谁是国民党了。

贺佩卿原是桑植一带的地方武装，贺龙回乡拉队伍时，他从家族观念和义气出发，怀着“入股当官”的思想投身革命。到了革命队伍之后，他恶习始终不改，横行霸道，打骂士兵。尤其是看到红军屡遭失败，就感到前途渺茫，暗中勾结朱疤子、罗效之、陈渠珍等人，达成了“互不相打，共同‘剿共’”的协议。贺佩卿、王湘泉等带人袭击了湘鄂边特委机关，打死了特委经济处处长谷有年，又把特委其他人员赶得东逃西散。特委书记周小康见湘鄂边苏区实在站不住脚了，便同独立团团长王炳南带着部队离开了湘鄂边苏区，辗转到了洪湖。

周小康、王炳南带着独立团一走，湘鄂边苏区就完全被国民党军队占领。朱疤子、罗效之见红军已被打散，又见贺佩卿等人“只反共不反贺”，而贺龙是共产党员，所以对他们不放心，又带兵把贺佩卿、王湘泉的队伍消灭了。

这时，在湘鄂边苏区仅剩下贺英率领的这支游击队。这支队伍人数虽然不多，但朱疤子、罗效之等团防却都闻之胆寒。

1931 年秋，国民党反动派对湘鄂边苏区实行残酷的“围剿”。红军主力部队远在洪湖，国民党地方团防只好把“围剿”的目标集中在贺英游击队身上。

10 月的一天，沙道沟团防匡超然、张焕然带领 100 多人来包围割耳台。贺英得到信息，即刻将人员全部转移并隐蔽在石门河的硝洞里。敌人在割耳台扑了空，没找到贺英的踪影。

硝洞里阴冷潮湿，又不敢生火，大家就挤在一起互相取暖，可在洞里没有东西吃，小一点的孩子饿得直哭。怎么办？派人出去打点给养，可洞外到处都是敌人，风险很大。贺英试问道：“谁愿意出去弄些吃的？”话音刚落，队员争先恐后要去。最后，贺英派张月圆和几个手脚灵便的青年人担当此任。出发前，贺英一再叮嘱他们要小心，遇上敌人要避开，不要与敌人交火。

张月圆等人答应着离开了硝洞。没多一会儿，贺英在洞中听到远处的枪声，她不由得心里一惊：不好，出事了！贺英立即吩咐大家做好转移的准备。这时，出去的几个队员跑了回来，告诉贺英赶紧转移。上次包围割耳台的敌人没有走，他们转了一圈又杀了个回马枪。

贺英见回来的人中没有张月圆，就问张月圆怎么没有一起回来？一个队员难过地说："张月圆为了掩护大家突围，被敌人抓走了。"

贺英听后心里非常难过。张月圆是她的贴身警卫，做事机敏，是她不可或缺的左膀右臂啊！她们情同母女！

张月圆被捕后，敌人严刑拷打，要她供出贺英他们的下落。张月圆吃尽苦头，始终守口如瓶，没供出一个字。她知道贺英、徐焕然、廖汉生、向连生、肖银之、向楚汉等人，还有家属小孩都隐蔽在洞里，敌人要是知道他们的下落，将会一网打尽。她宁愿牺牲自己的生命，也不愿出卖一个同志。最后敌人无计可施，便把她杀害了。

贺英趁着黑夜，带着这支队伍，悄悄地转移

到了四门岩。

四门岩地处桑植、鹤峰两县交界处，周围是方圆数百里的山区，地广人稀，山高林密谷深，地势极为险要，易守难攻，敌人轻易不敢冒进。当地百姓中流传着这样一首歌谣：

四门岩，万重山，云里行来雾里钻，低头看溪深无底，举目望岭高参天。

相传，古时候四门岩是块风水宝地，土肥水美，家家户户都猪羊满圈，五谷满仓，不知道怎么惹恼了老天爷，连续下了几天的大雨，使这地方成了一片汪洋。房屋粮食都被水淹了，老百姓逃到山顶上，大雨却依然下个不停。人们只好望天膜拜，求神灵相助。到了第七天，有位仙姑驾祥云来到人间，她伸出右手，用四指轻轻戳地，倏忽间，地上出现了四个“天眼”。仙姑衣袖一拂，大水便哗哗地流入“天眼”之内。从此，这地方便被称为“四门岩”。直到今天，这四个“天眼”的遗迹尚在，人们把它们称为“前氽水洞，后氽水洞，上氽水洞，下氽水洞”。四门岩山上还有一座仙姑庙，一年四季都有百姓前来烧香祈求平安。

贺英游击队到了四门岩后，周围知道的百姓都朝天祷告，说贺英就是当年的仙姑下凡，是为百姓解危排难来的。

贺英游击队进了四门岩，朱疤子、罗效之等并没有放过他们，又纠集重兵来围攻。贺英便带着游击队员及家属，同朱、罗等部打游击、兜圈子，几乎每天都要行军，每晚都要转移。以前朱、罗人马只是杀一阵、烧一阵便走，而这次“围剿”却用了长期驻屯“清剿”的办法。占了一个地方之后，修碉堡、挖壕沟，不分昼夜地搜山。

敌人这一招可把贺英和游击队员们害苦了。村里不能住，只得在深山老林或野山洼里宿营。有时情况允许还能搭个简易窝棚，情况紧急时只能露天宿营。冬天的大山里寒气袭人，常常冻得游击队员彻夜难眠。

有一天晚上，大伙冷得实在受不了，便拢了一堆火，孰料睡到半夜时，那火将窝棚烤着了，火仗风势，越烧越烈，一时间，烧红了半边天。山下朱、罗的人，见了火光，欣喜若狂，便摇旗呐喊地冲杀上来，子弹在队员们眼前乱飞。

贺英掩护大家撤离后，冒着浓烟烈火，闯进棚子里，抢出了一口小铁锅，顶在头上指挥着大家突围转移。从此，这口铁锅便成了游击队员们的命根子。

当时，国民党“剿赤”军把通往四门岩的各路口都封住了，使得群众无法上山送粮，游击队员们也无法下山。十天半月也找不到一粒粮食。贺英便带着大家打野兽，挖野菜根儿，用小铁锅煮食充饥度日。队员们长期吃不上盐，一个个都四肢无力。

贺英见这样下去不行，便在一个风雪交加的夜晚，带着两名队员摸到山根下的一户朱老汉家。60 多岁的朱老汉一见贺英来了，就像见到久别的亲人一般，欢喜得眉开眼笑，连忙派儿子把附近的几家群众都唤来，大家流着眼泪向贺英哭诉着“剿赤”军的暴行。

贺英听了乡亲们的哭诉，咬着牙说：“乡亲们，日头不会总是当午的。敌人凶恶不了几天，苦难的日子等红军回来就会好的。”

朱老汉把游击队在山上的难处向大家伙儿说了。乡亲们听说队员们一个多月吃不上盐，便急忙回家，有的拿来腌咸菜，有的送来盐巴。等到后半夜时，贺英和两名队员带着乡亲们的情谊和物资，回到了山上。

在这支游击队伍里，除游击队员外，还有家属。他们都是红军将士的妻子和子女，有的还是年龄尚幼的孩子，他们被敌人追得无处可走，便投到了贺英的身边。贺英把他们收留下来，安排队员们精心照顾，他们也自觉地把自己当成游击队中的一员。队伍里还有两匹训练有素的军马，也是游击队的重要成员。

由于长期在山林中行动，大家的鞋子都磨破了，衣服都刮烂了，贺英就带着大家打草鞋，身上围兽皮。

四门岩地势非常险恶，那梯子岭、千层壳、鸡公嘴等，尤为险要。此外，还有四十八大岔、四十八小岔、三十三条沟、五十五道谷。黑夜里行军，稍有不慎，便有掉进山涧的危险。为防止被

“剿赤”军发现，纵然路险，也不敢点火照亮，更怕小孩哭闹。在那极其艰难困苦的情形下，贺英凭着顽强的革命意志，怀着对党的事业的无限忠诚，带领几十名队员和红军眷属，同数倍于己的敌人周旋一年多的时间，一直坚持到红军的归来。

坚守后方

1933 年春节过后，国民党“剿赤”军的“围剿”活动放松了许多，尽管如此，贺英也没有放松警惕。

这一天，贺英派廖汉生和刘列二人外出找粮食。二人走到茅坝附近，忽听到过路的人说村里来了军队，是什么军队也说不清楚。有的说是川军，有的说是黔军，还有的说是贺龙的队伍。他们听了这些话，决定去探查个究竟。

他俩悄悄来到村头，看见有哨兵站岗，穿的是黑色军装，帽子上缀着五角红星。廖汉生禁不住高兴地对刘列说："是红军，是红军回来了！"

确实是红军，而且是贺龙的部队。困在四门岩山林中的游击队员们一听说贺龙率队伍回来了，都兴奋得跳了起来。贺英立即带着廖汉生，骑着游击队里仅有的两匹马，下山到茅坝，去会见贺龙等。

此时的红 3 军，贺龙仍为军长，邓中夏调离后，关向应接任红 3 军政委，中央又派来中共中央候补委员夏曦任湘鄂西分局书记，掌管着红 3 军的大权。在"左"倾错误路线的指导下，红 3 军不仅丢失了洪湖根据地，还因"肃反"运动的扩大化使部队元气大伤，在敌人的追击下，不得已向湘鄂边转移。经豫西、陕南、川东 2 个月数千里的长途跋涉，于 1933 年 2 月上旬来到鹤峰的太平镇、茅坝一带休整。

这天，贺龙从段德昌的红 9 师回到司令部，刚到吊楼下，就见楼前木桩上拴有几匹马，其中一匹白马膘肥肉满，四蹄滚圆，毛色光亮，它一见到贺龙，立刻双蹄腾空，引颈长嘶，似见到主人一般。

贺龙一见，顿时心中一阵惊喜。这时，关向应政委走下楼来，连忙招呼说："胡子，快上来，有客人来了。”

贺龙笑道：“哪里是什么客人，一定是我大姐来了。”

关向应惊讶地问道：“胡子，你怎么知道是大姐来了？”

贺龙指着白马说：“大姐骑的白马，当年是我的坐骑啊。”贺龙说着，几步上楼，果然，贺英正在楼上喝茶。贺龙见到贺英，高兴地喊了一声：“大姐！”

贺龙仔细打量着大姐，几年不见，大姐的眼角、额头已刻上道道皱纹。曾经的一头青丝，也染上了白霜。但双目依然闪烁着巾帼英雄的英武之气。

贺英望着仍是那样英俊威武的弟弟，感慨地说：“常常，总算又见到你们了！”一句话，饱含多少别后的心酸和艰辛！

“大姐，这两年你们受了不少的苦吧？”过了一会儿，贺龙又说道：“我正要派人去找你们，想不到你这么快就来了。”

贺英指着身边的廖汉生说：“是他们下山找粮

食，得知你们回来了，我就赶了过来。常常，这是汉生，你还认得吗？”

廖汉生礼貌地叫了声：“大舅好！”

贺龙打量着相貌英俊、仪表不凡的廖汉生，高兴地说道：“哎呀，时光过得真是快呀，想当年还是我和你爸爸给你定下与艮艮这门亲事的呢，艮艮都好吧！”

廖汉生的父亲廖茂才是桑植人，长沙师范学堂毕业，少时胸怀救国救民大志，在贺龙的军中是位很受器重的将才。1922年，随贺龙入川，不幸病死在川东。廖茂才与贺英的丈夫谷绩廷是八拜之交。谷绩廷年长，廖汉生便呼贺英为伯母。自与贺戊妹的女儿肖艮艮结婚后，便改称贺英为大姨。贺龙、贺英对廖汉生爱护备至，送他读书，他后来一直跟随贺英参加革命，是游击队的骨干力量。

贺英向贺龙、关向应等讲述了游击队转战四门岩的大概情况后，关向应感动地说：“大姐，让你们受苦了。”

贺英望着关向应笑道：“关政委，最艰难的时期都闯过来了，有什么要我们做的，只管吩咐吧。”

关向应说："敌人四下宣传说，湘鄂边苏区的武装都被消灭了，我和胡子都很为你们担心呢，看来敌人又鬼话连篇了。"一句话说得大家都笑了。

正在这时，夏曦来了。他笑着对贺英说："大姐，人未见面，可早就听到大姐的英名了。"

贺英不认识夏曦，贺龙便介绍说："大姐，这是中央分局书记夏曦同志。"

贺英听罢，对夏曦说："夏书记，我们没有见过面，可夏书记的指令听了不少。"

这时候，段德昌、王炳南都走了进来，段德昌进门就说："大姐，你不认识我吧，我叫段德昌。"

贺英笑眯眯地打量着段德昌，说："人没见过面，可你这'火龙将军'的大名，我是早就听说过的，果不其然。"

段德昌笑道："大姐过奖了。"

贺英又对王炳南说："炳南，你家里人都在我身边，敌人是抓不到他们的，你就放心吧！"

王炳南感激地说道："大姐，让你费心了。"

贺英说："炳南，你说这话就见外了不是？弟妹很勇敢，有一回，我们转移时与敌人碰上了，弟妹干净利落地用梭镖把一个追她的敌人刺死了。”

夏曦听后笑道：“炳南，你有个好内助啊，回头接来见见，大姐手下无弱兵啊。”

这时候，贺英又向贺龙打听邓中夏、柳直荀、卢冬生的消息。贺英这么一问，屋里人脸色都变了，贺英从大家的表情中察觉到了问题。这时，夏曦说：“大姐呀，别问了，邓中夏、柳直荀都犯了严重错误，卢冬生被打散了，生死还不明呢。”

贺英不解地问：“邓中夏、柳直荀都犯什么错误了？”

夏曦说：“大姐，这是我们党内的事，柳直荀已经被处决了。”

贺英听了不由得一惊。她愣了一下，又问：“李良耀、汪毅夫、周小康都来了吗？”

夏曦说：“他们也都是改组派的骨干，都被处决了。”

贺英听了，好一会儿才自言自语地说：“真没料到，这些人竟成了反革命？！”

夏曦说：“一尺深的水能看透，一寸厚的人心看不透啊。”

夏曦走后，贺英含泪向贺龙叙说了谷大姐被杀害的经过。

谷大姐就是谷德桃，当年曾多次救过贺龙。但是在土改时受到坏人诬陷，说她同反动派有来往，夏曦没有了解实际情况，很草率地让湘鄂边特委书记周小康杀害了谷德桃。

贺龙听了贺英讲述谷大姐遇害的经过，拍案怒道："真是岂有此理，谷大姐怎么会是反革命？"

贺英见贺龙发怒，遂劝道："常常，不要生气了，谷大姐、邓仁山他们，老百姓是不会忘记的，红军也不会忘记的。"

贺龙叹了口气，又想起什么似的问道："谷大姐的孩子们呢？"

"都在我那里呢。"

"这就好。大姐，你和他们谈谈，如果他们愿意，就到我这里来吧，他们都是革命的后代。"

贺英点头说："好！"

当天下午，贺英告别众人，同廖汉生一起回到了四门岩。

1933 年 3 月的一天，贺龙视察部队回来，远远地就看见司令部门口拴着两匹马，贺龙一见，就猜到是谁来了。

关向应正陪着贺英在屋里一边喝茶聊天，一边等候贺龙。

关向应听到响声，连忙起身到门口向贺龙喊道："胡子，快点，大姐来了。"

贺龙一进屋，亲热地叫着"大姐！"

关向应看着贺龙满身尘土，风趣地对贺英说："香大姐，你弟弟呀，是个一刻也闲不住的人，他身板儿是特殊材料制成的，敌人的炮子儿见他都害怕，都要绕着弯儿跑。"屋里响起欢快的笑声。

贺英急切地问贺龙："你通知我来这里有什么事？快说吧，我今天还要赶回去呢！"

贺龙听了感到奇怪，他虽然十分想念大姐，但并未通知她来司令部呀！

贺龙不解地望望关向应，关向应笑了，马上解释道："香大姐，是这样的，目前敌人'围剿'得比较紧，你们游击队力量薄弱，大家都很担心你的安全，我们建议你带着人同主力红军一起活动。我把这事跟胡子说过，他老是不吭声。所以，我就以他的名义写了个纸条，要你前来当面商谈一下。”

贺英、贺龙姐弟对视了一下，都很感动。

贺英回忆着说道：“三年前周逸群也是这么关心过我！他虽然牺牲了，但在苏区仍然能听到百姓对他的赞颂、怀念他的声音。”

关向应问道：“他是怎么关心你的？”

贺英说：“1930 年春，红 4 军离开桑植转战洪湖，与红 6 军会师前，周逸群担心我的安全，托人来跟我说要我同主力红军一起活动，可游击队中有那么多革命家属，老的老，小的小，行军不方便，我怕给红军主力增加麻烦，就坚持留在县城周围一带山里活动。”

贺龙、关向应听着大姐的叙述，没有作声，都望着大姐，期待着她的回答。

贺英沉思了一会儿，接着对关向应坚定地说道：“关政委，党的关怀，我领情了。但我还是不能跟你们走。满姑牺牲后，留下 4 个小孩，最小的四娃还只有 8 岁，我给他做了一面小红旗，他成天举着玩，说是长大了要为妈妈报仇。这样老的老，小的小，加上行动不便的伤病员，我那里还有上百号人，要是把他们都带上，红军怎么打仗？要是不带他们，单是为了自己的安全，成天随着主力红军跑，我这安全又有什么价值？那些伤病员都是为革命出了大力的，那些小孩的父母都是为革命献出了生命的，我没有权力抛弃他们不管啊！”

贺龙和关向应听着，什么也没说，他们已被大姐崇高的思想境界所折服。他们尊重大姐的意见，同意贺英依旧回去率领游击队坚持斗争。

临走时，关向应送给贺英一本从洪湖突围时带来的《星星之火，可以燎原》的小册子，陪她走下木楼。

贺英骑上大白马，在女警卫员的陪同下，踏着山间小道，往云雾缭绕的山上奔去。

关向应久久地望着贺英远去的背影，情不自禁地赞叹道：“真不愧为当代女中豪杰！据我所知，中国目前有很多能干的女同志参加革命，不论是当游击队的司令员，还是为革命的后代呕心沥血地操劳，香大姐还是首屈一指的！”

贺龙说：“你过奖了！大姐没读过书，过去出于对敌人的仇恨，对人民的热爱，凭着勇气为穷人打天下。这几年，受到党的教育，她才变得更加强干起来。”

关向应忽然说道：“大姐目前还不是党员吧？但她一直是在履行一个共产党员的职责！”

贺龙说：“大姐曾向逸群和我几次提出加入党组织的要求。当时逸群是书记，他是这样说的：‘目前，大姐不入党比入党对革命的作用还大，桑植的一些团防、民团首领，有的反共，有的是中间派，有的支持我们。大姐在这里的关系多、影响大，多做团结他们的工作，可以减少我们的阻力。太红了，人家看你是共产党，就不敢接近了。’所以，大姐就一直没有入党。”

关向应听后，默默地点了点头。

血洒青山

贺龙的队伍到达鹤峰后，贺英就把游击队从四门岩大山中转移到地势险要的洞长湾，并着手建立红军的后方基地。贺英把洞长湾一带的群众都发动起来，建立医务所、修械所、缝纫所等，同时，继续抓紧开荒种地。经过贺英和队员们的努力，在太平镇一带，各个乡都建立了赤卫队，还规定了联络信号。各乡的赤卫队员，无事为民，有事为兵，如果发生敌情，三声号炮一响，几个乡的赤卫队立即投入战斗。这么一来，地方革命武装力量得到了很大的加强，一些团防也轻易不敢骚扰。

不久，国民党军向新苏区大举进攻，桑植、鹤峰被国民党占领，红3军主力被迫撤退到宣恩、咸丰、利川一带打游击。红军主力一走，地方形势就变得更加严峻起来。贺英要求队员加强警惕，随时准备应付反动派的围攻。

鹤峰县有个团防头子叫覃福斋，也是“哥老会”中的龙头大爷，与杀害谷绩廷的陈黑是把兄弟，当初他也参与了杀害谷绩廷的阴谋。贺龙杀死陈黑后，覃福斋发誓要为陈黑报仇。

一天，覃福斋的磕头兄弟许廷茂来找他说：“大哥，我是来给你送财来了。”没等覃福斋张嘴，他又接着说道：“蒋介石不是出了10万大洋取贺龙之首，出 5 万大洋取贺龙的大姐贺寡妇之首吗？现在机会来了。如今贺龙屡败，离开了鹤峰，福斋兄何不趁此时打入洞长湾，取那贺英之首，白花花的大洋，岂不唾手可得吗？”

覃福斋听了，点点头：“说得倒是，可说起来容易，那洞长湾是一夫当关、万夫莫开的险地，那贺寡妇又双手打枪，百发百中，如何能取？”

许廷茂就附在覃福斋耳边如此这般地耳语了一番，覃福斋听后，不由得大喜过望。

原来，许廷茂有个侄子叫许煌生，25 岁了，又没有爹妈，就在贺英那里当游击队员。平日里贺英待他非常好，还张罗着帮他找媳妇。

1933 年 5 月 5 日这天，许煌生被派下山去买东西，他在街上正好碰到了许廷茂。许廷茂便拉他到酒馆去喝酒，叔侄俩三杯酒下肚后，许廷茂就动员他不要跟着贺英干了。许煌生不同意，说香大姐待他很好，要是走了就是对不住她。两人没说通。等许煌生买好东西回洞长湾，路过一片树林时，突然被两个蒙面家伙抓住，拖到树林里用刀逼着他说：“要想活命，今晚就带我们去洞长湾。”贪生怕死的许煌生吓得六神无主，便答应了。

深夜，覃福斋率领300多个团丁，在叛徒许煌生的带领下，连夜包围了游击队的驻地洞长湾，敌人钻进茂密的竹林，逐渐接近游击队住的房屋。

偏巧这时是农忙时节，有一些队员到割耳台收割庄稼，还有一些人随主力部队去执行任务了，洞长湾所留下的战斗人员只有十几个人。因红军主力撤退，一些红军家属，还有一些红军的伤病员，怕遭国民党军的暗害，也都住在了这里。

这天晚上，贺英召集大家开会，布置完工作已很晚了。大家白天干了一天的活儿，都很疲劳，因而只安排了一名哨兵担任警戒。正是这一稍微的疏忽，竟酿成了不可挽回的大错。

这夜站岗的人叫唐友青，20岁刚出头。他白天干了一天的活儿，晚上又开了会，上岗后，他怕犯困耽误事，还特地装了几个干辣椒放在衣袋中，一困就放在口中嚼。到了后半夜，该换岗了，可能是换哨的人睡着了，没有按时来换他。唐友青实在挺不住了，就嚼了几个干辣椒，但只能管用一会儿，就在他要打起盹儿时，恍惚中听到“沙沙沙”

的脚步声，他一惊，厉声问道："口令！"

只听对面答道："友青，是我，我是煌生，去城里买东西，动身晚了，走到现在才回。"

听说是队友，唐友青就放松了警惕。他把手里端着的枪放下说："是你呀，你快回去，叫马三利换我岗。"

许煌生这时已来到了唐友青的身边，说："怎么，今儿就你一人站岗？"

唐友青说："可不，香大姐想多放，可哪有人呢，一个岗还不好派呢。"

许煌生说："我这就去叫马三利。"说着掏出烟来，说："抽支烟吧，醒醒神儿。"说完，把烟递给唐友青。

唐友青接过烟后，许煌生忽然说："哎呀，我把洋火儿丢在道儿上啦。"

唐友青说："我有。"

说着，就放下枪去掏洋火儿。就在他把烟叼在嘴里准备点火时，许煌生从腰间取出一个锤子，朝着唐友青的头狠狠砸去，唐友青哼也没哼一声就倒在了地上。

许煌生捡起唐友青的枪，向身后晃了晃。不一会儿，覃福斋带着人马冲了过来。就在这时，换岗的马三利来了，恰好与覃福斋的人相遇。马三利很机警，他听到声响，急忙隐身到一棵大树后，借着星光，看到是敌人来偷袭寨子了，他立即鸣枪示警。覃福斋也发现了他，掉转枪口对准马三利就是一枪，马三利应声而倒。这两声枪响，震得幽静的洞长湾山谷一阵回响，也震醒了贺英和游击队员们。

贺英平素警惕性很高，睡觉时枕边总是放着手枪。当她听到枪声，便一跃而起。凭着多年的作战经验，她判断是敌人偷袭来了。这时，其他队员们也都惊醒了。

贺英刚到门外，便听到寨子里枪声大作，山下传来敌人的一片喊杀声。

贺英一边命令一个队员冲出去查看敌情，一边命令通讯员张和尚到各乡赤卫队去报信，前来增援。

可张和尚没跑出几步远，对面一排子弹射来，他倒在了血泊中。贺英明白敌人已经封锁了山前的道路，便命令身边的队员，一定守住大门。这时候，双方的枪声越来越紧，贺英知道游击队员与敌人展开了战斗。她又返回屋中，看着屋里的红军家属和孩子们，对二妹贺戊妹说："你带领伤病员和家属先撤，我们掩护，要快！"这时，家属和孩子们都慌了，哭喊着从后门往外跑。贺英担心这些家属和孩子们跑不远，便同几位队员一起死死地守在大门口。她拔出双枪从窗口向攻上来的敌人射出两串子弹，把敌人打得缩回到了竹林里。她命令道："坚决守住大门，不让敌人靠近。"

这时，贺戊妹催促着家属和伤病员们刚冲出后门隐蔽地向外突围，后门也出现了敌人。她向敌人连续开枪射击，打得敌人不敢上前，眼看大家都撤离得差不多了，戊妹腰部中了一弹。她强忍着剧痛，一手紧捂住伤口，一手继续持枪向冲上来的敌人射击。子弹打光了，她就抽出大刀和扑上来的敌人展开肉搏。在砍倒数名敌人后，终因寡不敌众，臀部被敌人刺刀刺中，接着肋下和小腹又被刺数刀，血流如注，昏倒在地。

守在前门的贺英紧握双枪，带领游击队员与

敌人展开激烈的较量，突然一颗子弹打在了她的大腿上，她踉跄一下倒在了地上。这时候，游击队副队长徐焕然顶着弹雨跑过来，正要背贺英转移，却被贺英一把推开，说："焕然，别管我，抵挡住敌人，乡赤卫队听到枪声，很快就会赶来支援的。"说完，贺英又举枪向敌人射击。

这时，又一颗子弹擦伤贺英的肋下，射中了徐焕然的肩膀。贺英见徐焕然负伤，一边继续还击，一边让徐焕然先撤。徐焕然不肯，他要贺英撤，贺英急切地说："这时刻我怎么能离开！"此时，屋外的枪弹声响成一片，游击队员不断有伤亡。贺英的两处伤口不停往外流着血。她咬紧牙关，忍着剧痛，鼓励大家说："坚持就是胜利，天亮我们的人就会赶来的。"在贺英和游击队员们的英勇顽强阻击下，敌人始终没有突破防线。

廖汉生同其他几名队员，正守在另一间房子里与敌人对峙。这房子同贺英住的房子隔一道沟。对这里的情形，敌人大体了解，许煌生也向覃福斋指明了贺英住房的位置。所以，覃福斋令团防兵用火力把这间房子封锁得死死的，使得廖汉生等人几

次想冲过来接应贺英，均因火力太猛，不能靠近，大家只得坚持抗击，以钳制进攻之敌的火力，策应贺英。

激烈的战斗进行了两个多小时，东方已露出鱼肚白，贺英得知那些红军家属和孩子们都已撤离突围，就对身边的徐焕然说：“我们也撤退吧。”就在贺英拖着伤腿准备撤离时，一颗子弹飞来击中了她的胸膛。

这位巾帼英雄，望着东方天际微露的晨曦，英勇地倒下了！

后人有诗赞曰：

湘西女杰数贺英，跨马横枪为大同。
甘将热血洒青山，驱除阴霾见彩虹。

覃福斋带人终于冲进了屋里，只见贺英凤眼圆睁，背靠墙壁坐在血泊中，手中仍然紧握着双枪。慑于贺英的威名，竟然没人敢上前查看。覃福斋命人对贺英的尸体又放了一排枪，见贺英全无反应，这才确定贺英的确断气了。

覃福斋下令将贺英的尸体和重伤昏迷的贺戊妹抬去县城领赏。刚走到村外一片水田边时，突然听到身后洞长湾喊杀连天。原来，徐焕然带着增援的赤卫队追赶来了。情急之下，覃福斋一刀砍下贺英的头颅提在手里，又割下贺戊妹的首级，然后命人将两女的四肢砍下，十来个团丁每人各扛一节尸块，仓皇逃了回去。

徐焕然等人重夺洞长湾却不见贺英姐妹的尸体，大家悲愤至极。第二天敌人发布告示，声称已将“巨匪贺仙姑等人击毙正法”。

廖汉生、徐焕然将游击队员们集合起来，大家想要为贺英报仇，可是团防人多势众，敌不过他们，他俩一商议，便带着这支游击队到了鹤峰、宣恩边界，找到了红３军。廖汉生见到贺龙，话未出口，已经泪流满面。

贺龙得知大姐贺英、二姐贺戊妹英勇牺牲、惨遭分尸示众的噩耗，悲痛万分。夏曦、关向应、卢冬生等人听到此信，也都悲伤不已。

关向应说：“香大姐的牺牲，是我们湘鄂边苏区的重大损失，使我们失去了一位好大姐，使党失去了一位好干部，使游击队失去了一位好指导员！香大姐死得伟大，苏区人民不会忘记她的，党会记住她的。”他继续对悲痛的同志们说：“我们要化悲痛为力量，在战场上英勇杀敌，为香大姐这样的好同志报仇！”

贺龙擦干泪水，对廖汉生说：“要记住这血海深仇，为了打倒反动派，苏区牺牲了多少同志，不光是我们一家，要擦干眼泪，战斗到底。”

随后，贺龙又对贺炳炎说：“炳炎，我大姐遭敌偷袭牺牲了，你带支部队，带点儿钱，去收殓一下，总还会有点肉渣渣吧。”

贺炳炎含着泪说：“军长，我知道了。”

贺龙又问廖汉生和徐焕然：“大姐牺牲了，你们怎么办？”

廖汉生、徐焕然坚定地回答：“干，一定和敌人拼到底，我们要报仇！”

贺龙望着他俩说：“我看你们还是回去，召集过去的游击队员，搞枪搞子弹，就是要和敌人拼到底。”

廖汉生、徐焕然二话没说，当即返回太平镇。

他们按照贺龙的指示，很快拉起了一支百余人的队伍，鹤峰县委将其编为鹤峰县第 4 游击大队，廖汉生和徐焕然分别为游击大队的正副队长，继续坚持斗争。

三天后，在当地群众的帮助下，收拢了两位烈士的遗体，缝合起来入殓安葬了。贺英的遗体安葬在鹤峰的洞柘湾。

安葬时，老天爷似乎也在为这位女英雄的殉难而伤悲。那天阴风凄凄，细雨连连。附近村里的百姓都自发地前来为他们崇敬的贺司令送行，没能来的也都在家焚香朝天礼拜。部队官兵向他们敬爱的大姐致以最崇高的敬礼，人们流着泪把一束束满含敬意和怀念的花束放到贺英的坟前。

新中国成立后，党和人民没有忘记这位对中国革命作出重大贡献的英雄。1952 年，桑植县人民政府追认贺英为革命烈士。

1962 年，桑植人民政府将贺英的遗骨迁葬于鹤峰革命烈士陵园。鹤峰革命烈士陵园坐落在鹤峰县八峰山麓。这里是贺英当年闹革命的地方，陵园坐落在红色砂岩山岭上，山上到处可见美丽的映山红（杜鹃花），风景秀丽，贺英长眠在鲜红的花丛中，长眠在这块她热爱的土地上。

2009年，为庆祝中华人民共和国成立60周年，中宣部等11个部门联合组织开展评选“100位为新中国成立作出突出贡献的英雄模范人物和100位新中国成立以来感动中国人物”活动，贺英入选“100位为新中国成立作出突出贡献的英雄模范人物”。

后　记

在2009年中宣部等11个部门联合组织开展评选的“100位为新中国成立作出突出贡献的英雄模范人物”中，贺英是唯一一位不是中共党员的英雄人物。她虽没有从组织上入党，但她始终坚信党、跟党走，忠实履行着共产党人的神圣职责和使命；贺英不是红军，但她帮助建立了红4军，多次挽救了红4军，带领游击队保护了大批红军眷属和红军伤员，还培养了一批红军将士；贺英没有孩子，但她却义不容辞地承担起多个孩子母亲的责任；贺英虽没读过书，但她识大体、顾大局，智勇双全、英勇果敢……她是近代中国一位伟大杰出的女性！

在编写这位巾帼英雄故事的过程中，我常常被她的事迹所感动，也被她博大的胸怀所感染。为了给读者真实地展现贺英平凡而伟大的人生，我遴选了18个最典型、最具代表性的英雄故事，结合中国革命发展历程，在充分尊重史实的基础上完成。

在编写过程中，得到军事科学院军队政治工作研究院领导、机关的大力支持，康月田、李博、岳思平、陈力、赵日明等多位专家学者进行具体指导和审读。

主要参考的书目：《解放军烈士传》（总政治组织部编／解放军出版社）、《贺龙姐弟》（刘秉荣著／东方出版社）、100位为新中国成立作出突出贡献的英雄模范人物《贺英》（马秀琴编著／吉林文史出版社）、《贺龙传》（《贺龙传》编写组／当代中国出版社）、《贺龙年谱》（李烈主编／人民出版社）、《女英雄贺英》（周世范编著／辽宁美术出版社）、《湘西英烈》第一集（湘西自治州党史办编）、《廖汉生回忆录》（廖汉生著／解放军出版社）。

在此，谨向关心和帮助的各位领导、专家学者，以及上述书目作者、编辑致以最诚挚的谢意！

图书在版编目（CIP）数据

贺英 / 军事科学院解放军党史军史研究中心编.
北京：学习出版社，2025.6. -- （中华先烈人物故事汇）. -- ISBN 978-7-5147-1363-3

Ⅰ. K825.2

中国国家版本馆CIP数据核字第2025ES3233号

贺英

HE YING

军事科学院解放军党史军史研究中心

责任编辑：张　俊　　封面绘画：刘书移
技术编辑：贾　茹　　内文插图：韩新维
美术编辑：杨　洪　　装帧设计：壹读闻话

出版发行：学习出版社
北京市东城区崇外大街11号新成文化大厦B座11层（100062）
010-66063020　010-66061634　010-66061646
网　　址：http://www.xuexiph.cn
经　　销：新华书店
印　　刷：北京联兴盛业印刷股份有限公司

开　　本：787毫米×1092毫米　1/32
印　　张：5.875
字　　数：77千字
版次印次：2025年6月第1版　2025年6月第1次印刷

书　　号：ISBN 978-7-5147-1363-3
定　　价：25.00元
